como agua pa'l antropoceno

como agua pa'l antropoceno

como agua pa'l antropoceno

MANUAL PARA EL PLANETA CON RECETAS, RELATOS Y CIENCIA

Coordinadores:

Érick de la Barrera Montppellier

Instituto de Investigaciones en Ecosistemas y Sustentabilidad,
Universidad Nacional Autónoma de México

Ernesto A. Villalvazo Figueroa

Escuela Nacional de Estudios Superiores, Unidad Morelia,
Universidad Nacional Autónoma de México

Edison A. Díaz Álvarez

Instituto de Investigaciones Forestales
Universidad Veracruzana

Universidad Nacional Autónoma de México
Instituto de Investigaciones en Ecosistemas y Sustentabilidad

INSTITUTO DE INVESTIGACIONES
EN ECOSISTEMAS Y SUSTENTABILIDAD
UNAM

Como agua pa'l Antropoceno: manual para el planeta con recetas, relatos y ciencia
Erick de la Barrera Montppellier, Ernesto Alonso Villalvazo Figueroa y
Edison Armando Díaz Álvarez (Coordinadores)

Primera edición: enero de 2020

D.R. © **Los Autores**
Compilación D.R. © **Universidad Nacional Autónoma de México**
Av. Universidad 3000, Ciudad Universitaria,
Delegación Coyoacán, Ciudad de México 04510, México
Instituto de Investigaciones en Ecosistemas y Sustentabilidad

Cuidado de la edición: Érick de la Barrera Montppellier
Portada: Molinillo por Emmanuel Espinoza (Getty Images), ilustración de la contra-
portada «La biodiversidad en la era del cambio global» por Oldemar González.
Ilustraciones interiores: PNG Repo: Cactus 185, paella with prawns, salad 6, salad 56
y tamales. The Noun Project: Acorn por Andi, bbq por Victoruler, caterpillar por
Georgiana Ionescu, chicken por Luketabai, grasshopper por Grégory Montigny,
meatballs por Maria Zamchy, oyster mushroom por Alice Noir, potatoes por Arthur
Shiain, shrimp por BAM! creative studio y tequila por Small Ike.
Clasificación: LCC HD9000.6 .D45 .C66

ISBN: 978-1-08-736989-1

Índice

Autores

Universidad Autónoma de Baja California
Escuela de Enología y Gastronomía
Guillermo **Castillo** • Carolina **Gutiérrez S.**

Universidad Nacional Autónoma de México
Escuela Nacional de Estudios Superiores, Unidad León
Itzel Aislinn **Aguirre Pérez**

Escuela Nacional de Estudios Superiores, Unidad Morelia
Alexis Ariel **Alcázar Aragón** • Ángela Andrea **Alvarado Rodríguez** • Alejandra **Andrade Campos** • Andrea **Arias-González** • Rodrigo **Burciaga** • Karina Alejandra **Cabrera Cuamba** • Adrián **Calleros** • Beatriz Adriana **Cancio Coyac** • Andrea Celeste **Contreras Guizar** • Sofía **Cristóbal Reyes** • T. Alhelí **Cruz** • Carmen Elvia **Díaz Trasviña** • Carla P. **Galán Guevara** • Jaritzi **García García** • Viridiana **González-Estrada** • Isis **Granados-García** • Bruno A. **Ibarra Otero** • Julio Eduardo **Lara Tello** • Ananda **Monteforte-Cariño** • María del Pilar **Mota Velasco** • Amaranta **Paz Navarro** • Pamela **Pérez** • Daniel **Piña Torres** • Pamela **Saavedra Tovar** • Cynthia **Ramos-Ortiz** • María Vianey **Rangel César** • Valeria **Reyes** • Cecilia **Reyes-Cervantes** • Fernando Aldair **Valencia Vázquez** • Ernesto Alonso **Villalvazo Figueroa** • Alejandra **Villaseñor**

Instituto de Investigaciones en Ecosistemas y Sustentabilidad
Érick **de la Barrera Montppellier**

Universidad Veracruzana
Instituto de Investigaciones Forestales
Edison Armando **Díaz Álvarez**

Introducción

Hace treinta años, Laura Esquivel nos regaló *Como agua para chocolate*, la novela en la que nos relata la historia de Tita de la Garza. Una historia que comenzó de manera precipitada en la mesa de la cocina. A lo largo de su vida, Tita navegó una serie de circunstancias difíciles que logró remontar gracias a la intensidad de sus dos amores: Pedro Múzquiz y, precisamente, la cocina. El amor y la comida han sido temas constantes en la obra de Laura Esquivel. Aquí la celebramos, precisamente, a través de quince recetas y quince ensayos, en los que treinta y seis autores distintos nos comparten su amor por la vida, por el planeta y, especialmente, por la comida.

Este libro nos pareció necesario y urgente en una época en la que está más que claro que la actividad humana tiene repercusiones planetarias. Aunque nuestra especie, *Homo sapiens*, es muy reciente en la escala geológica del tiempo, el tamaño de nuestra población y la cantidad de recursos que consumimos tienen consecuencias ambientales severas, no solo en el entorno inmediato; además hemos impactado de tal manera al planeta que es prácticamente imposible encontrar un sitio que no hayamos afectado directa o indirectamente (Bazzaz *et al.*, 1998). De hecho, las acciones combinadas de nuestra especie, han puesto en riesgo distintos sistemas que mantienen la vida en el planeta y, al parecer, el impacto es de tal magnitud que hemos excedido la capacidad de compensación de algunos de ellos o los hemos llevado a su límite; en otros casos, tenemos documentado el impacto y estamos justo a tiempo para revertir o, ya de perdida, mitigar los daños ambientales causados (Rockström *et al.*, 2009; Bennett *et al.*, 2016).

En diversos círculos científicos se pondera la posibilidad de que ya hayamos dejado atrás al Holoceno, periodo geológico que empezó hace 11,650 años, desde la glaciación más reciente, y hemos forzado el inicio de un nuevo periodo, el llamado Antropoceno. Considerado como el periodo de los seres humanos, «Antropoceno» es un término que utilizaba de manera informal el limnólogo Eugene F. Stoermer desde la década de 1980. Sin embargo, fue hasta el año 2000 cuando el químico atmosférico y premio Nobel, Paul J. Crutzen lo popularizó. Coincidentemente, el mito de origen de la palabra tiene que ver con México. Se cuenta que en ese año Crutzen se encontraba en Cuernavaca participando en un congreso en el que, ponencia tras ponencia los participantes hablaban del Holoceno como época actual. Después de varias sesiones no pudo más y en un reflejo automático exclamó, «¡Dejen de decir que el Holoceno [...], si vivimos en el Antropoceno!» (Steffen *et al.*, 2013). Unos cuantos meses después, Crutzen y Stoermer (2000) publicaron su artículo seminal donde argumentaron que los impactos de las actividades humanas han sido tan profundos que seguirán observándose en el planeta por un largo periodo de tiempo, al menos 50,000 años. En este artículo propusieron que el inicio del Antropoceno se marcara a finales del siglo XVIII, cuando la invención de la máquina de vapor marcó el inicio de la revolución industrial.

Precisamente, el Grupo de Trabajo del Antropoceno de la Unión Internacional de Ciencias Geológicas ha estado estudiando la evidencia durante los meses recientes. Después de su estudio y tras un procedimiento de votación parecido al que siguieron los astrónomos para quitarle a Plutón su estatus de planeta, el consenso de los estratígrafos es que sí debe considerarse al Antropoceno como una era geológica distinta al Holoceno y que su inicio puede fecharse en las capas de la tierra, más o menos, a mediados del siglo pasado (Anthropocene Working Group, 2019). Una señal es la radiactividad dejada alrededor del mundo por los ensayos termonucleares de la década de 1950. Otra, son los residuos de la producción y consumo masivos de pollo en los diversos rellenos sanitarios y basureros del planeta.

Una causa de esta degradación es el antagonismo que ha existido durante siglos entre «el hombre» y «la naturaleza». Para la civilización occidental, que es la que actualmente predomina, esto tiene sus orígenes en el llamado «dogma de la creación» de la mitología judeo-cristiana. Según esto, el dios omnipresente y omnisciente creó al universo, al planeta y a la naturaleza, para ponerlos a disposición de su creación más importante, que, a su vez, fue inspirada en su propia «imagen y semejanza». Reconocimiento de lo nocivo de esta separación entre los humanos y la naturaleza, que ha sido causa, por lo menos parcial de la degradación ambiental que vemos todos los días fue la publicación de *Laudato Si'* en 2015. En esta encíclica el Papa Francisco, presenta el estado ambiental del planeta y explica sus causas. De hecho, en nuestra opinión, el primer capítulo de la encíclica es una de las mejores explicaciones del origen antrópico de la crisis del cambio ambiental global. El segundo capítulo, es una argumentación teológica bastante forzada en la que se intenta explicar cómo la gente malinterpretó la intención del dogma de la creación. Nos parece muy notable que hasta la Iglesia Católica Romana, al desdecirse de uno de sus principios fundamentales, reconozca la magnitud y severidad de la crisis ambiental.

Todo el año 2015 fue un año muy esperanzador para el ambiente que, por cierto, arrancó en México. Al principio del año, con la entrada en pleno vigor de la legislación sobre cambio climático en nuestro país, el presidente anunció sorpresivamente que México disminuiría sus emisiones de los llamados gases de efecto invernadero en 25% para el año 2030. Más aún, si otros países se sumaban, nuestra reducción de emisiones sería más ambiciosa. El país fue héroe ambiental internacional durante algunos meses. Después vino la publicación de *Laudato Si'* y más tarde, en el otoño, se firmaron los acuerdos de París. Y, dado que hasta Estados Unidos, China y la India firmaron y se comprometieron a reducir sus emisiones de gases de efecto invernadero, nadie se acordaba del gesto mexicano para finales del año. Después vinieron el Brexit y Trump.

Han pasado casi cinco años desde los acuerdos de París y el mundo, que parecía tender hacia una globalización más solidaria, ha cambiado para mal. Por todos lados han surgido gobiernos nacionalistas y negadores de la ciencia. Varios países han amenazado con salirse de los acuerdos de París y la colaboración internacional es cada vez menor. Da la impresión de que nuestra separación de la naturaleza es cada vez mayor e irremontable, a pesar de encontrarnos en una emergencia ambiental de evidencias clarísimas con efectos en el clima, la biodiversidad y hasta en la salud humana.

Pero somos naturaleza. Somos naturaleza y somos biodiversidad, aunque nos empeñemos en olvidarlo. Si consideramos que todos comemos tres veces al día o lo haríamos si este fuera un mundo, no digamos ideal, sino justo, el reflexionar sobre la comida nos puede ayudar a pensar acerca de la naturaleza. Y es que la comida también es biodiversidad. Lo es el maíz con el que hacemos las tortillas. Lo son los plátanos, las manzanas, la papaya y la guanábana que desayunamos. Y lo son las distintas verduras y legumbres con las que cocinamos. Después de todo, nuestra relación más intensa y duradera con la naturaleza, desde que éramos animalitos nómadas de las sabanas africanas, hasta la actualidad, es a través de la comida. Esperamos que este libro nos ayude a recordarlo.

Esta obra tuvo su origen en el curso sobre *Sostenibilidad y seguridad alimentaria* de la Escuela Nacional de Estudios Superiores, Unidad Morelia. De hecho, la mayoría de los autores, voces nuevas en la divulgación de la ciencia, son estudiantes de las licenciaturas en ciencias ambientales y ecología de la ENES Morelia y de ciencias agrogenómicas de la ENES León. También participamos autores ya egresados de la ENES, colegas de otras instituciones y los instructores del curso. Rindiendo tributo a *Como agua para chocolate*, a través de sus recetas y ensayos, los autores reflexionan sobre muchos de los temas abordados en el curso, que son clave clave para lograr una transición hacia un futuro diferente. Además de temas estrictamente ambientales, la discusión toca cuestiones sobre el desarrollo sostenible, la nutrición y el consumo.

Algunos de los temas considerados son objeto de acalorados debates científicos, éticos y políticos en torno a su implementación, pero las soluciones están surgiendo como semillas desde muchos campos y lugares sin mayor pretensión que mostrar que la historia aún no termina. Varias de las soluciones aquí planteadas representan cuestionamientos directos hacia nuestra convivencia con la naturaleza, una relación que se expone a la luz de la mesa.

Como en una comida de varios tiempos, los textos se encuentran agrupados en ensaladas, sopas, platos fuertes y el postre. Así, iniciamos con un relato de la migración a las ciudades y una reflexión del potencial que tienen los huertos urbanos para asegurar la alimentación de las familias en la periferia urbana (Capítulo 1). En una ensalada convergen distintos ingredientes, algunos de los cuales pueden tener repercusiones nocivas, como el cambio de uso de suelo y la proliferación de especies exóticas invasoras, pero la agricultura puede ser, también, uno de los medios para mitigar el impacto que los humanos tenemos en el planeta (Capítulo 2).

En la sección de las sopas, se discute la importancia que tiene mantener y fomentar la agrobiodiversidad para el futuro de nuestra alimentación (Capítulo 3) y se hace una valoración sobre la relación entre el impacto de la dieta en el clima y cómo basarla predominantemente en plantas puede ser bueno para el planeta (Capítulos 4 y 5).

Los platos fuertes nos presentan una amplia variedad de ingredientes y temas. Siguiendo con dietas predominantemente basada en plantas, hacemos una reflexión sobre el origen y la importancia de la milpa (Capítulo 6). Después, nos acogemos al canon de las proclividades alimentarias mexicanas que indica que «todo lo que corre y vuela, a la cazuela» y , a través de recetas que fomentan la entomofagia (el consumo alimentario de atrópodos, principalmente insectos), se discuten las aportaciones nutricionales (Capítulo 7) y de sostenibilidad ambiental (Capítulos 8 y 9) de esta forma de nutrición, que cada vez más se considera como una alternativa viable para alimentar a la población mundial. Aunque sin dejar de resaltar su importancia en las tradiciones gastronómicas mexicanas (Capítulo 10).

Pero las «carnes» convencionales, cuya producción es una de las causas principales de los cambios ambientales, también tienen cabida en este libro. A la par de una breve la historia de las tostadas, incluyendo la mezcla de culturas gastronómicas que se produjo al arribo de los españoles, se discute, por ejemplo, el impacto que los distintos ingredientes de la tinga, platillo mexicano por excelencia, tienen sobre el medio ambiente, incluyendo al pollo, uno de los indicadores del inicio del Antropoceno (Capítulo 11). También, dados los impactos negativos de la pesca industrial, la acuacultura se propone como alternativa para reducirlos y mitigarlos, por ejemplo, a través de la conservación de los servicios ecosistémicos que brindan los manglares (Capítulo 12).

Cuando pensamos en el campo mexicano y en la producción de alimentos, es común remontarse a las chinampas o a milpas en medio de vegetación verde y abundante. O a los sistemas agroforestales y hatos ganaderos en tierras húmedas. Pero más de la mitad del territorio nacional es árido o semiárido. De hecho, los pueblos originarios del noroeste tenían un profundo conocimiento de la biodiversidad disponible, incluyendo la alimentaria. Aquí, recordando cómo cocinaban los antepasados utilizando la biodiversidad de su entorno, se reflexiona sobre cómo la llamada modernidad puede cambiar las formas tradiciones de relacionarnos con nuestra cocina tradicional (Capítulo13). De ninguna manera podíamos visitar el norte sin hablar de la carne asada (Narchi *et al.*, 2015). Y es que, desde nuestros orígenes evolutivos, la carne ha sido una de nuestras principales fuentes de nutrición y ha cubierto diversos requerimientos para nuestro desarrollo como especie (Capítulo 14). En la actualidad todavía necesitamos comer proteínas para nuestro desarrollo, por ello se presenta la reivindicación de este alimento, sin omitir sus consecuencias ambientales.

Todavía en la región árida de México, terminamos el libro con el postre visitando al nopal tunero. Una de las plantas más icónicas de este país, sus adaptaciones a los ambientes áridos lo han convertido en una fuente de nutrientes alrededor del mundo (Capítulo 15).

Esperamos que, además de traer momentos gratos a través de la comida en compañía de seres queridos, esta obra ayude a desencadenar la reflexión sobre nuestro papel en el planeta y las diversas alternativas que tenemos como especie y como civilización para mejorarlo.

¡Buen provecho!

Érick de la Barrera Montppellier
Ernesto Alonso Villalvazo Figueroa
Edison Armando Díaz Álvarez
Morelia, a 30 de septiembre de 2019

I. Ensaladas

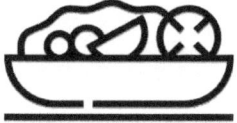

1. Ensalada urbana

Sofía Cristóbal Reyes, T. Alheli Cruz y María Vianey Rangel César

Ingredientes

4 Pencas de nopal

1 Papa

1/2 Brócoli

1 Aguacate

4 Chiles de mata

1/2 Cebolla

1/2 Ajo

1 cucharadita de aceite

Sal al gusto

Queso panela al gusto (opcional)

Preparación

La ensalada se tiene que preparar al estilo de doña Donita, ya que es su especia-lidad. Primero se pone agua a hervir y el comal a calentar. Mientras se calienta el comal se aprovecha el tiempo para lavar y «desenahuatar» los nopales (quitar-les las pequeñas espinas llamadas ahuates). Después se ponen a asar con sal en el comal caliente. En el agua hirviendo hay que cocer la papa y el brócoli después de haberlos lavado bien. El brócoli no se debe dejar mucho tiempo en el agua hirviendo, solo lo necesario para que se suavice; como dice doña Donita «es sólo pa' mostrarle el agua al brócoli». Una vez asados los nopales y suavizados el bró-coli y la papa, hay que picarlos en cuadritos. Después, en una sartén se acitronan la cebolla, el ajo y los chiles de mata con una cucharadita de aceite y sal al gusto. Doña Donita no usa mucha sal por aquello de la hipertensión. Cuando empezamos a oler el chile de mata y nos hace toser, significa que ya está bien acitronado, entonces tenemos que agregarle la papa. Hay que poner mucha atención a la papa, cuando se ponga transparente es el momento indicado para agregarle el brócoli. El brócoli no tiene que durar mucho a la lumbre, para que no quede recocido sino crujiente, con unos tres minutitos basta. Al final, lo único que se tiene que hacer es vaciar todo en un recipiente para mezclarlo, es decir, se vacían los nopales con la papa y el brócoli. Al momento de servir se le ponen unas rebanadas de aguacate para que sea una comida con algo de grasa, y si gusta, se pueden agregar trozos de queso (de su preferencia) a la ensalada, *nomás* pa darle más sabor. A doña Donita le gustaba usar queso panela pa' cuidar el nivel del colesterol.

Al momento de servir la ensalada, debe asegurarse de que toda su familia esté presente a la hora de la comida, pues se trata de un platillo que se comparte con sus seres queridos y trae a la mente las buenas y divertidas aventuras de nuestra querida doña Donita.

Agricultura urbana

Esta es la historia de cuando doña Donita llegó a la ciudad y tuvo que ingeniárselas para alimentar a 13 hijos. Ella decía que no bastaba con darles un taco pa' taparles la boca, mucho menos el estómago. Había que nutrirlos bien. En aquel entonces, su marido era el único que tenía trabajo, pero ella no podía quedarse en la casa a esperar a que su marido arrimara dinero y comida a la mesa. Doña Donita tenía que encontrar otra manera de alimentar a sus hijos.

Por esta razón, al segundo día de llegar a la ciudad, doña Donita salió a recorrer su colonia para buscar trabajo. Pasó por la casa de un viejito que tenía unos nopales con tunas y pencas listas para cosecharse. El viejito se llamaba don Guillermino y ya no podía mantenerse en pie. Doña Donita pensó para ella «estas son muchas pencas para solo un viejito». Se acercó a don Guillermino y lo saludó. Después le propuso cosechar las pencas de nopales que tenía allí y le dijo que a cambio le diera unas pocas para hacerles un taco a sus hijos. Don Guillermino aceptó. Ese día los hijos de doña Donita comieron y disfrutaron de unos deliciosos tacos de nopales asados.

Los días pasaron y doña Donita fue conociendo y dándose a conocer entre los vecinos de su colonia. Conoció a doña Jose, una madre soltera que tenía que cuidar de 6 hijos. Doña Jose le pedía a doña Donita que cuidara de sus hijos mientras ella iba a trabajar a la aceitera. En el jardín de doña Jose había dos árboles de aguacate, frondosos y grandes, también tenía matas de chile por todos lados con muchos chiles que ya estaban en su mero punto. A doña Donita no le gustaba dejar las cosas para después y se puso a cosechar aguacates y chiles con sus hijos y los hijos de doña Jose. Más tarde comieron tacos de aguacate con una salsa de chiles asados.

Cierto día, cuando los hijos de doña Donita jugaban a encontrar el centro de la Tierra en el jardín, de tanto escarbar en la tierra se encontraron con unas piedras extrañas. El hijo mayor dijo que habían encontrado una mina, que esas eran piedras de diamantes y corrieron a mostrárselas a su mamá. ¡Que sorpresa se llevó doña Donita al ver que lo que habían encontrado eran papas! Entonces recordó que hacía algún tiempo, había aventado ahí no más en el jardín unas papas que no servían. ¡Resultó que no sirvieron para cocinar, pero sí para cultivarse! Después de esa chiripada, a doña Donita se le ocurrió cultivar papas en su jardín y como a sus hijos les encantaba entierrarse, sembraron y cosecharon juntos las papas.

Un día cocinando, doña Donita vio que unos ajos que había comprado en el mercado la semana anterior tenían una ramita verde y se le ocurrió plantarlos. Pensó «igual y de chiripa me nacen más ajitos, como con las papas». Dicho y hecho, unas semanas después doña Donita tenía sus plantitas de ajos.

Cuando doña Donita cosechó por primera vez su papas y ajos, le pidió nopales a don Guillermino, chiles de mata y aguacates a doña Jose y se puso a cocinar con harta enjundia su mejor receta, para compartir y nutrir no solo a sus hijos, sino al mundo.

Alrededor del mundo, como el caso de doña Donita, hay miles de personas que no siempre —o nunca— pueden llevar comida hasta las bocas de sus hijos. Sufren de algo que llaman «inseguridad alimentaria», que se da cuando las personas no pueden comprar alimentos o éstos son de mala calidad, lo que provoca el aumento de problemas de salud por la mala o deficiente nutrición (McDonald, 2010). Tal es el caso de la desnutrición o de la famosa obesidad. Por el contrario, una persona tiene seguridad alimentaria cuando tiene acceso en todo momento a alimentos nutritivos y de su preferencia suficientes para llevar una vida saludable y físicamente activa (Cumbre Mundial sobre la Alimentación, 1996; McDonald, 2010).

Uno de los principales factores que favorece la inseguridad alimentaria es el crecimiento de la población humana, ya que se necesitan producir más alimentos para satisfacer las necesidades alimenticias de la población (McDonald, 2010). Esto implica la expansión de cultivos y un mayor uso de agroquímicos, lo que representa impactos negativos en el ambiente (Calderón, 2016). Además, como consecuencia del crecimiento poblacional, la seguridad alimentaria también se ve comprometida por el crecimiento urbano, acompañado del abandono del campo, ya que son cada vez más personas concentradas en las ciudades y menos personas que se dediquen a producir alimentos (Hernández, 2006; McDonald, 2010).

En este contexto, la agricultura urbana surge como una estrategia que pretende atender las necesidades alimenticias de las personas que viven en las ciudades y sus alrededores a partir del cultivo de plantas y la cría de animales en las ciudades y sus inmediaciones (FAO, 2014). Esta práctica se ve concretizada a través de huertos urbanos, en patios, jardines, azoteas, terrazas y balcones de las casas (Schonwald y Pescio, 2015) y se puede cultivar una diversidad de alimentos, como granos, raíces, hortalizas, hongos y frutas. También se puede criar animales como aves, conejos, cabras, vacas, cerdos y peces. Y se puede cultivar productos no alimentarios como plantas medicinales, aromáticas, ornamentales, fibras vegetales, entre otros (FAO, 2014).

Es por ello que la agricultura urbana puede tener un impacto positivo en la seguridad alimentaria urbana, al permitir que las personas tengan acceso directo a los alimentos producidos en los huertos urbanos (Zezza y Tasciotti, 2010). Una de las principales ventajas de dichos huertos urbanos es que facilitan el acceso a una amplia variedad de alimentos frescos y nutritivos para autoconsumo a los sectores sociales que se encuentran en condiciones de pobreza y marginación y por lo tanto son más vulnerables (Hernández, 2006; Zaar, 2011). Además, los huertos urbanos también podrían contribuir a la captación de agua en ciudades, controlando o evitando inundaciones en la ciudad; amortiguando el impacto del aumento de la temperatura y brindando refugios naturales para plantas y animales locales (Schonwald y Pescio, 2015). Por otra parte, ayuda a reducir el costo energético derivado de la producción, del transporte y del almacén de los alimentos, cuando se favorece el consumo local de los mismos (Morán, 2010).

No obstante, los huertos urbanos tienen como toda estrategia, limitantes. Su principal obstáculo es la poca o nula inclusión de este tipo de espacios en la planificación urbana y las políticas públicas; la poca disponibilidad de espacios para esta actividad en algunos tipos de asentamientos (conjuntos habitacionales, fraccionamientos); así como la inseguridad en cuanto a la propiedad de la tierra (Ávila, 2009; Dubbeling, 2014).

En conclusión, la agricultura urbana puede complementar y enriquecer la dieta de las familias urbanas, como el caso de doña Donita, debido a que promueve alternativas de cultivo que contribuyen a la conservación del ambiente, además de que salvaguarda los conocimientos tradicionales y locales (Hernández, 2006). Sin embargo, hay un camino importante que recorrer en cuanto a políticas públicas y en general en cuanto a la generación de las condiciones sociales suficientes para alcanzar el potencial de esta estrategia.

2. Ensalada de verdolagas

Érick de la Barrera Montppellier y Carla P. Galán Guevara

Ingredientes

1 manojo abundante de verdolagas

2 jitomates

½ cebolla

1 manojo pequeño de cilantro

150 g de chicharrón de cerdo o, como opción vegetariana, ½ taza de maíz tostado, de preferencia azul, rojo, negro o uaroti de la meseta Purépecha, o duro amarillo

1 aguacate (opcional)

Para la vinagreta

4 cdas. de vinagre de sidra, de manzana o de vino blanco

8 cdas. de aceite de oliva virgen

1 cdta. de mostaza Dijon

1 cdta. de salsa inglesa

sal y pimienta al gusto

Preparación

1. Lavar las verdolagas y separar solamente las hojas, descartando los tallos gruesos. Escaldar los jitomates, quitarles las semillas y picarlos en cubos pequeños. Lavar y picar finamente el cilantro y la ½ cebolla.
2. Trozar el chicharrón en pequeños pedazos y reservar.
3. Juntar las hojas de verdolaga, jitomates, cebolla y cilantro picados y mezclar.
4. Mezclar los ingredientes de la vinagreta y emulsionar.
5. Añadir la vinagreta a la ensalada y mezclar todo bien.
6. Si se usa, añadir el aguacate cortado en cubos.

7. Justo antes de servir, añadir el chicharrón picado o el maíz tostado, para agregar un rico toque de crocante.

¿Sabes de dónde vienen tus alimentos?

Aunque consumimos distintos alimentos varias veces al día, entre el ajetreo y la rutina diarios, reflexionamos muy poco sobre su origen, su modo de producción y sus impactos al ambiente y a nuestra propia salud. Es como si nos quedáramos conformes con saber que las verduras crecen, ya lavadas, en los pasillos del supermercado, o preparadas en la fonda donde comemos casi todos los días. Pero la historia de la domesticación, del uso y de la producción de los distintos alimentos, además de ser muy interesantes, nos hablan también de nuestra propia historia como cultura. En este capítulo presentamos tres viñetas sobre sendos ingredientes de la ensalada de verdolagas, que a pesar de ser mexicanos, sus impactos y su valoración cultural no podrían ser más distintos.

Verdolagas: de hierba de baldío a alimento milagro

Las verdolagas se pueden encontrar dentro de terrenos baldíos y a los lados de innumerables caminos de nuestro país, donde crecen de forma espontánea. Son más comunes hacia el final de la primavera, la parte más intensa de la época seca, cuando el resto de las hierbas siguen esperando las lluvias para germinar y emerger (Mondragón Pichardo y Vibrans, 2009). Estas plantas, de apariencia sencilla y poco llamativa, son capaces de establecerse y prosperar bajo condiciones ambientales adversas y a pesar del constante disturbio en los caminos. Una vez que comienzan las lluvias, las verdolagas se vuelven menos visibles, pero ahí siguen. Aunque otras hierbas alcanzan alturas mayores y las ocultan de la vista, las verdolagas siguen creciendo y completan su ciclo de vida: florecen, forman las semillas que germinarán el año siguiente y mueren (Mondragón Pichardo y Vibrans, 2009).

Uno de los autores de este capítulo recuerda su infancia en los suburbios tapatíos, donde había campos de cultivo abandonados para la posterior delimitación de fraccionamientos y construcción de casas. Entre los pasatiempos favoritos durante las vacaciones de verano, cuando en vez de ir a la escuela uno se quedaba todo el día jugando en la calle y «explorando» la «naturaleza», era planear laberintos de maleza en los terrenos baldíos de la colonia. Los primeros años, reaccionando a la secuencia fenológica de las hierbas que alcanzaban alturas mayores que la estatura de cualquiera de los niños. En años posteriores, cuando ya estaba uno más o menos familiarizado con la sucesión de esas comunidades anuales de plantas, se podía anticipar cuales crecerían y cuando y, con ello, planear mejor el laberinto de ese año.

Una de las primeras plantas en aparecer, desde antes de las lluvias, eran, precisamente, las verdolagas, cuyo crecimiento no se restringía a los baldíos y camellones. También aparecían en las juntas de las banquetas y de las calles, sobre todo en sitios recién pavimentados que aún no estaban abiertos o que, dada la lejanía del sitio con las zonas de más tráfico, no tenían mucha circulación vehicular. Era ineludible en esa época llegar a casa con un montón de verdolagas recolectadas en distintos baldíos y banquetas, que generalmente terminaban guisadas y consumidas con gran alegría.

En la etnobotánica y otras disciplinas académicas que tienen qué ver con el campo, es bien reconocido que los huertos de traspatio en comunidades rurales son reservorios muy importantes de biodiversidad. Y que muchas especies útiles han sido domesticadas a través del manejo que hacen, sobre todo, las mujeres campesinas. Sin embargo, los baldíos tapatíos también tenían lo suyo. Además de verdolagas, era muy divertido, por ejemplo, escarbar jicamitas silvestres (*Macroptilium gibbosifolium*), masticar matas de anís de monte (*Tagetes filifolia*) y colectar montones de flores de árnica (*Heterotheca inuloides*) que terminaban sumergidas en alcohol, hechas menjurje para los golpes.

El consumo de las verdolagas en nuestro país es ancestral y generalizado. Así lo demuestran distintos hallazgos arqueológicos que datan su uso a por lo menos hace 3000 años (Chapman *et al.*, 1974). También lo confirma el hecho de que que distintas lenguas originarias tienen palabras propias para referirse a las verdolagas, como *acahue cashacua* en purhépecha, *aurrara* en huichol, *itzmiquilitl* o *itzmiquitl* en náhuatl y *xucul* en maya (Mondragón Pichardo y Vibrans, 2009). En la actualidad se consumen verdolagas esencialmente en todo el país, aunque su cultivo solo es importante en la Ciudad y el Estado de México, Morelos y Baja California (Servicio de Información Agroalimentaria y Pesquera, 2019).

A diferencia de otras plantas de uso tradicional, las verdolagas no son exclusivas de México. Es más, ni siquiera son exclusivas del contintente, pues su uso está documentado desde la antigüedad en África, Asia y Europa (Bosi *et al.*, 2009). Sin embargo, dado que la planta entera se come, resulta muy difícil encontrar fósiles de verdolaga en sitios arqueológicos, a diferencia de lo que ocurre con otras plantas con semillas que no se comen o con partes duras como cáscaras u olotes. A pesar de su uso milenario, sigue quedando la duda de si las verdolagas son una planta domesticada o si se trata de un sinantropo, es decir, una especie asociada a las comunidades humanas (Bosi y Bandini Mazzanti, 2007).

Actualmente las verdolagas se consumen en distintos países del hemisferio norte. Por ejemplo, se cultiva y se consume extensamente en todos los países del Mediterráneo, como Francia, Italia, Grecia y Líbano (Bosi *et al.* 2009). Esto se debe en parte a que su cultivo, aunque no muy generalizado, es relativamente fácil, ya que la planta se desarrolla con poca agua y es capaz de crecer en suelos pobres y soporta temperaturas elevadas. Aunque en nuestro país lo más común es comerlas guisadas en caldillo y acompañadas de carne de cerdo o de pollo, en la región del Mediterráneo (y en Europa antigua) es muy frecuente comerlas crudas en ensalada, como la que aquí presentamos, además de guisadas, fritas y gratinadas (Bosi *et al.*, 2009). Además se conservan en aceite o salmuera y, de hecho, las utilizan para dar sabor a alcaparras y aceitunas.

Además de su sabor delicioso pero sutil y su consistencia interesante, las verdolagas son un estuche de monerías nutricionales y medicinales. Por ejemplo, además de ser buena fuente de vitaminas A, B_6 y C y de minerales como calcio, potasio y magnesio, las verdolagas tienen varios ácidos orgánicos, incluyendo ácidos grasos tipo omega-3, cuyas concentraciones son las más altas que se hayan medido en una planta (Ezekwe *et al.*, 1999). Su uso medicinal también ha sido bastante versátil desde la antigüedad. Por ejemplo, en la medicina china tradicional se le conoce como la planta de la longevidad (Chen *et al.* 2003). Entre las propiedades medicinales que se le atribuyen a la verdolaga, algunas de las cuales han sido confirmadas clínicamente y asociadas con principios activos específicos, se encuentran sus efectos analgésico, antiinflamatorio, antipirético, diurético, vermífugo y aparentemente ansiolítico; es más, hasta las hojas frescas sirven para aliviar la comezón de las picaduras de mosco (Bosi *et al.*, 2009).

Desafortunadamente, las verdolagas no son apreciadas por todo mundo. Y es que al ser tan tolerantes al disturbio y resistentes a condiciones de poca agua y temperaturas elevadas, su proliferación en campos de cultivo y algunas áreas naturales puede ser muy agresiva, llegando a causar pérdidas económicas (Cuadro 1). De hecho, a la verdolaga se le considera una de las diez malezas más agresivas y perniciosas a nivel internacional (Singh y Singh, 1967). En nuestro país se ha documentado su presencia y, en algunos casos, efectos nocivos sobre cerca de cuarenta cultivos, desde arroz y café, hasta tomate y uva, pasando por frijol, maíz y pepino (Villaseñor y Espinosa, 1998). Uno podría pensar que una plantita de hábito rastrero y bastante pequeña no debería causar tanto problema a cultivos más grandes. Aquí el problema, además de la competencia, es que la verdolaga sirve de hogar y de vector de distintas plagas y enfermedades de las plantas como virus, royas (el hongo que causa pérdidas cuantiosas en el cultivo de café), gusanos y pulgones (Mondragón Pichardo y Vibrans, 2009).

Cuadro 1. *El problema con las especies invasoras.*

La proliferación de especies biológicas nocivas que se establecen en sitios donde no son nativas y desplazan a las especies locales es una de las principales causas de pérdida de la biodiversidad en el mundo (Sala et al., 2000). Estas llamadas «especies invasoras» suelen ser transportadas por la gente de un país a otro, ya sea de forma deliberada o accidental. Por ejemplo, un caso clásico es el sapo de la caña (*Rhinella marina*) que fue llevado a Australia para controlar a los insectos que causaban merma en los rendimientos de los cultivos de caña. Se les hizo buena idea importar sapos de Florida, donde es especie nativa y habita, entre otros lugares, en los cultivos de caña donde se le ha visto alimentándose de distintas plagas. El problema fue que la plaga que estaba atacando a la caña en Australia era un insecto que desarrolla todo su ciclo de vida en las partes más altas de la caña, justo donde el sapo no alcanza a llegar, ni saltando. A falta de acceso a la plaga, el sapo se entretuvo comiendo numerosos artrópodos y pequeños vertebrados nativos y se reprodujo de forma tan agresiva que se ha convertido en un problema ecológico de tales dimensiones que hasta ha sido presentado en series televisivas como *Los Simpson*.

En un ámbito más cercano, está el caso del lirio acuático (*Eichhornia crassipes*). Según cuenta la leyenda a esta planta de origen amazónico se la trajo la esposa de un presidente tras un viaje a Brasil para decorar las fuentes de Los Pinos, la recién construida residencia oficial. En la actualidad, el lirio acuático es una de las peores especies invasoras en México, donde ha colonizado prácticamente todos los cuerpos de agua dulce. La planta se extiende con tal velocidad que intercepta la luz y no permite la fotosíntesis por el fitoplancton presente en la columna de agua y forma tal cantidad de biomasa que al descomponerse consume todo el oxígeno disponible, causando anoxia y conduciendo, en casos extremos, a la muerte de la fauna acuática. Los esfuerzos para controlarla no han sido completamente exitosos ya que, aunque se logre limpiar un embalse o un lago, siempre quedan propágulos a partir de los cuales se puede regenerar vegetativamente toda la población y cubrirse nuevamente el lago.

Las islas de nuestro país también han sufrido invasiones de especies exóticas transportadas desde el continente. El caso más famoso es el de los borregos en la Isla Socorro, la más grande del archipiélago Revillagigedo, donde los marinos establecieron una colonia de borregos como reserva alimentaria durante la temporada de huracanes, pues había momentos en los que no era posible el arribo del barco de la Armada de México con los víveres. El problema era que al estar libres los borregos para pastar por toda la isla, hasta ser requeridos para una intervención culinaria, devoraban grandes porciones de la vegetación nativa de la isla, incluyendo las plántulas jóvenes de diversas especies que solo crecen en la isla, con lo que no había regeneración ni reclutamiento de la vegetación. Afortunadamente, los borregos han sido erradicados y parece estarse recuperando la vegetación.

Pero no todas las malezas son invasoras ni tan nocivas. Por ejemplo, *Encelia farinosa*, una planta de la misma familia botánica que el girasol, que es nativa del desierto de Sonora. Es considerada maleza nociva por los ganaderos, quienes hacen grandes esfuerzos por erradicarla de sus tierras porque recoloniza los sitios que ellos mismos desmontaron para establecer praderas artificiales (Ibarra *et al.*, 1995). En la mayoría de los casos, dichas praderas se siembran con el llamado zacate buffel (*Cenchrus ciliaris*), especie que, en cambio, sí es exótica y una invasora muy agresiva (de la Barrera, 2008).

El avocado del diablo

El aguacate es el producto agrícola, originalmente domesticado en México, que más recientemente se volvió un cultivo de aceptación global, acompañando a celebridades mejor conocidas como el jitomate, el chocolate, la vainilla y, por supuesto, el maíz (Khoury *et al.*, 2016). Después de un embargo que duró 83 años, los Estados Unidos permitieron el ingreso de aguacates mexicanos a partir de 1997, lo cual ha causado un aumento en la demanda del aguacate que sigue creciendo (Groves y Sheridan, 1997). Esto ha sido el resultado de la perseverancia de los productores aguacateros y un esfuerzo diplomático *sui géneris* por consolidar esta instancia del llamado poder blando: una vez al año los productores enviaban un cargamento de aguacates a la embajada de México en Washington, la cual se encargaba de repartir canastas con aguacates a las distintas misiones diplomáticas y de comercio, llegando el punto en que todo mundo esperaba sus aguacates y preguntaban por ellos cuando había algún retraso estacional (Shrack, 2011).

Para entender la importancia económica del aguacate michoacano en el mundo, uno podría ver los anuncios en el Supertazón y hacer las cuentas de cuánto vale cada segundo de pauta comercial. De hecho, uno de cada tres aguacates que se venden en el mundo es producido en México y 80% de éste proviene de Michoacán (FAO, 2018; Sistema de Información Agroalimentaria y Pesquera, 2019). ¡Es como si Michoacán pusiera el aguacate y el resto de los estados se cooperaran para completar la cáscara!

Hoy por hoy y gracias al aguacate, Michoacán es el estado agrícola más importante de México por el valor de su producción anual. Efectivamente, dos de cada cinco pesos que generó la agricultura de este estado durante 2014 provienen del aguacate, el llamado «oro verde» (Sistema de Información Agroalimentaria y Pesquera 2019). Asímismo, los 46 mil millones de pesos que generó la agricultura michoacana en ese mismo año representaron casi el 10% de la producción agrícola nacional y excedieron en 15% a la producción de Jalisco y en un promedio de 40% a las de Chihuahua, Sonora y Veracruz (Sistema de Información Agroalimentaria y Pesquera 2019).

El problema con esta «fiebre del oro verde» es que el cultivo del aguacate requiere de condiciones ambientales muy específicas. Una temperatura fresca y lluvia abundante son necesarias para el adecuado desarrollo de las plantaciones. Por ello, se establecen predominantemente en los sitios donde crece el bosque húmedo de montaña. Este ecosistema ocupa menos del 1% de la superficie del país, pero alberga a más del 10% de las especies de las plantas mexicanas (Cruz-Cárdenas *et al.*, 2012). Permitir que se establezcan plantaciones de aguacate sin ningún control podría hacer que desaparezcan numerosas especies que, además, prestan servicios ecosistémicos muy importantes. Por ejemplo, algunas de las especies de árboles del bosque húmedo son capaces de captar agua de la atmósfera, con lo que la cantidad de agua disponible en el ecosistema es mucho mayor que la que habría si no existieran estos árboles. Esto permite que proliferen muy diversas especies de plantas y animales que de otra manera no sobrevivirían en el lugar. Como consecuencia, si se desmontan los bosques húmedos, se estaría abriendo paso a la sequía, lo cual traerá a la larga consecuencias negativas a la misma producción de aguacates.

El maíz de este país

Tanto por su valor económico como por su importancia cultural, el maíz es el cultivo más importante de México (Sistema de Información Agroalimentaria y Pesquera, 2019). Y es que el maíz fue domesticado originalmente hace como 10,000 años en Depresión del Balsas, cerca de la actual frontera de Michoacán con Guerrero (Miranda Colín, 2005). Desde entonces hemos desarrollado unas 60 razas de maíz en todo el país, que a su vez han dado origen a incontables variedades (Perales Rivera y Golicher, 2011). De hecho, se han documentado cerca de 600 usos distintos para los maíces mexicanos en las distintas regiones agroecológicas de México, principalmente por comunidades pertenecientes a los distintos pueblos originarios (Turrent Fernández *et al.*, 2013).

Muchos de estos maíces, sin embargo, se encuentran en riesgo de desaparecer (de la Barrera y Orozco-Martínez, 2016). El mismo modelo de desarrollo agrícola que permitió el crecimiento del aguacate y otros cultivos de alto valor, ha favorecido la producción a gran escala de unas pocas variedades mejoradas de maíz, cuyo precio de venta es muy reducido. Una consecuencia de esto es que el cultivo y la conservación de los diversos maíces mexicanos se ha desincentivado al grado de que distintas razas y variedades se encuentran en peligro de extinción por diversas razones como el envejecimiento de la población campesina, la migración a las ciudades o a Estados Unidos, la preferencia por sembrar cultivos más rentables, o la degradación de la tierra y el cambio climático (Dyer *et al.*, 2014).

La buena noticia es que, como consumidores, podemos contribuir con la conservación de los maíces y otros cultivos locales. Por ejemplo, dando preferencia a los productos hechos localmente con maíces regionales. Si pedimos en la tienda de la esquina tortillas hechas con maíces locales, en lugar de con harina industrializada, se puede fomentar que se sigan cultivando esos maíces.

La producción de alimentos frente al cambio global

Las actividades agrícolas son una de las principales causas de la degradación del suelo y pérdida de hábitat, fuentes de gases de efecto invernadero y de alteraciones al ciclo biogeoquímico del nitrógeno (Rockström *et al.*, 2009). Paradójicamente, la agricultura también es uno de los sectores más vulnerables a estos cambios ambientales, ya que depende de condiciones ambientales más o menos predecibles de temperatura y lluvia (McDonald 2010). Al cambiar el clima durante el presente siglo también cambiará la vocación agrícola de las distintas regiones del país. Esto podría causar la disminución sustancial de la productividad agrícola en algunos sitios y en el aumento de la inseguridad alimentaria de los pequeños productores. Por ello, es necesario realizar estudios de las distintas regiones agroecológicas para desarrollar e implementar medidas de adaptación que mejoren o por lo menos mantengan las condiciones de los campesinos que producen para el autoconsumo. Por ejemplo, se podrían identificar distintas variedades de maíces criollos que sean resistentes a la sequía y utilizarlas en programas de mejoramiento.

Otra medida de adaptación de la agricultura a las futuras condiciones más áridas es la adopción de cultivos que las toleren. Un caso puede ser el cultivo de agaves y nopales. Por ejemplo, varias de las denominaciones de origen del país protegen a los destilados de agave, como el tequila, el mezcal, el bacanora y la raicilla.

Hacia una seguridad alimentaria para todos

Desafortunadamente, a pesar de la aparente pujanza del sector agropecuario, la mayoría de las personas que viven en el campo viven en pobreza, incluyendo bajo inseguridad alimentaria (CONEVAL, 2015). De hecho, es muy frecuente que regiones y países con economías predominantemente agrícolas tengan malos indicadores de desarrollo económico, pobreza y seguridad alimentaria (Sachs, 2005). Por ello, cabe preguntarse cual es el mejor modelo de desarrollo para el campo. ¿Deben las políticas públicas de fomento agropecuario concentrarse, como hasta ahora, en tratar a la agricultura como industria productiva más y dejar que solo los grandes capitales tengan acceso a los subsidios? o ¿Debe considerarse que esta es una actividad económica de autoconsumo que practican numerosas familias en el estado como medida de sobrevivencia?

II. Sopas

3. Crema de raíces

Ernesto Alonso Villalvazo Figueroa

Ingredientes

1.1 kilos de papas

180 gramos de betabel cocido

1/2 cebolla blanca mediana rallada

750 ml de leche

25 gramos de queso parmesano

3 cucharas de mantequilla

3 cucharadas harina de maíz

1 cucharada nuez moscada

1/2 cucharada de sal

Preparación

Las papas se lavan removiendo toda la suciedad presente, después se tienen que pelar para esto se tienen que eliminar los ojos de la superficie, dejando únicamente la parte almidonosa. Se corta en pequeños trozos que se ponen a cocer en una olla procurando que estos queden completamente sumergidos en el agua. Para determinar cuando están completamente cocidas se puede introducir un tenedor y perforar algunos trozos. El tenedor debe ser capaz de penetrar la papa sin aplicar tanta presión. Una vez cocinadas se retira del agua las papas del agua y se colocan en un nuevo recipiente donde se puedan machacar sin mucha dificultad. Este proceso se realiza también con el betabel. Una vez que se tienen ambas raíces cocidas y machacadas se mezclan creando una pasta suave, para esto se puede agregar un poco de agua tibia, la pasta estará finalizada una vez que adquiera un color uniforme.

En un sartén se derrite toda la mantequilla, a esta se le agregan la cebolla rallada, la harina de maíz y la nuez moscada, que se mezclan evitando crear grumos. Se retira del fuego y usando una olla se pone a calentar la leche, mientras esta se calienta ir agregando la mezcla de mantequilla. Una vez que la leche esté caliente se agrega poco a poco la pasta de las raíces y se mezcla, hasta obtener la consistencia deseada.

Para compensar el sabor se puede agregar algo de sal. Servir mientras está caliente, agregando queso parmesano al gusto o, mejor, queso de Cotija desmenuzado.

Adopción y diversidad

Esta receta proviene de República Dominicana y forma parte de un conjunto de recetas presentadas en 2008 durante el marco internacional del año de la papa, de la Organización de las Naciones para la Alimentación y la Agricultura (FAO por sus siglas en inglés). Ahí se mostró la amplia herencia gastronómica de la adopción de este tubérculo en el mundo. La receta «Crema de papa» en particular hace uso de tres ingredientes que recuerdan la manera en la que hemos favorecido unas características sobre otras a través de la selección artificial en nuestro camino a los productos alimenticios actuales, ellos son la papa, un tubérculo, la cebolla, un bulbo y el betabel, una raíz tuberosa.

«No importa como la prepares, la raíz es harinosa y no tiene sabor [...] No podría ser considerada como un alimento agradable, pero provee de abundante y razonable alimento para un hombre que no quiere más que sustento» En el siglo XVIII esta era la definición que tenía la famosa «Enciclopédie» del Siglo de las Luces sobre la papa (*Solanum tuberosum*; Diderot, 1765). La papa se había vuelto un cultivo popular por su capacidad de crecer relativamente rápido y en terrenos pobres ya que el tubérculo es un paquete de nutrientes que permite el desarrollo rápido de una nueva planta. Por eso se cultivaron papas como alternativa alimentaria para sortear las dificultades en la guerra, la población europea sufría constantes destrucciones de las cosechas, una efectiva táctica para debilitar a los pueblos si eras un enemigo y como aliado tendrías que ofrecer tu alimento a los ejércitos aliados. Al ser un alimento que crece bajo tierra, la papa se convirtió en un recurso altamente estratégico para mantener la estabilidad de los reinos europeos (Smith, 2011; McNeill, 1999).

El término «seguridad alimentaria» surgío hasta la segunda guerra mundial. Sin embargo, la idea de asegurar la alimentación del individuo siempre ha tenido grandes impactos sobre las dinámicas de las naciones (McDonald 2010). Tanto así, que se ha propuesto que el acceso a un alimento de fácil preparación y almacenamiento, que además estuviera libre de impuestos a la corona o de los intereses de las guerras, aceleró el proceso con el que se estaban construyendo los imperios en el norte de Europa (McNeill, 1999). Para un alimento conocido por su falta de sabor, su adopción fue enrome y rápidamente se convirtió en alimento indispensable en Europa (McNeill, 1999). En la actualidad, la papa sigue siendo el alimento de más de 1.3 mil millones de personas y ha sido adoptada por casi todas las cocinas del mundo (FAO 2008).

El origen de la papa fue en lo que actualmente es Huancavelica, Perú. Se trata de un paisaje tan montañoso, como lo son los Andes, con intensas variaciones climáticas resultado de los contrastes de alturas que pueden ir desde los 2000 hasta más allá de los 4000 metros sobre el nivel del mar. En esta región la vegetación se ha adaptado a duros procesos ambientales como el congelamiento del suelo y su deshielo (Centro Internacional de la Papa, 2006; Cano *et al.*, 2011). Este lugar es también el hogar de muchas familias quechuas, cuyo vínculo con la papa es profundo. Por ejemplo, en un recorrido por sus cultivos podrías encontrar más de 500 variedades del tubérculo, hasta 10 variedades diferentes en un mismo campo (De Hann *et al.*, 2010). La riqueza está presente en sus formas, en sus tamaños, en sus colores y en los sabores, pero también en las prácticas de cultivo y en su uso ceremonial. Como en el caso del *taqsachi*, el juego después de la cosecha, en el que se arrojan ocas (*Oxalis tuberosa*) a la cara de los participantes, celebrando una buena cosecha (Centro Internacional de la Papa, 2006), como ocurre en Túpac Amaru, una comunidad quechua llamada así por un equipo de futbol local. Al igual que ellos, muchas comunidades de la región forman del grupo de comunidades que el Centro Internacional de la Papa consultó para realizar los extensos catálogos sobre la diversidad y uso de las papas andinas (Centro Internacional de la papa, 2006; Fonseca *et al.*, 2014).

Lo arrobador de la diversidad es posible encontrarlo también en el lenguaje, los campesinos quechuas desarrollaron un complejo sistema de descriptores tomando características como las combinaciones de color, forma, la profundidad de los ojos de las papas, incluso usan descriptores indirectos y muy específicos como "yuraq llumchuy waqachi: que hace llorar a la nuera blanca". Otra forma del reconocimiento de las tubérculos (hay que recordar que estos son subterráneos) es la planta, para esta se tienen 22 descriptores (Centro Internacional de la Papa, 2006) pero también por los usos que le dan a ellas, por ejemplo hay variedades especiales como solo se usan como regalo, las que se preparan para caldos, las que son amargas y se usan para lavar ropa y las que son para chuño, una comida tradicional de los Andes (Centro Internacional de la Papa, 2006; Fonseca *et al.*, 2014).

Además de las papas, en la zona se utilizan diversos tubérculos que también reciben ese nombre, como la papa mashua (*Tropaeolum tuberosum*), la papa oca (*Oxalis tuberosa*), el olluco (*Ullucus tuberosus*) e incluso las llamadas «papas dulces», que no pertenecen a la misma familia Solanaceae, sino a la Convulvulaceae, lo cual no hace más que sumar a la diversidad de tubérculos que se pueden encontrar en esta región (Smith, 2011).

La herencia genética es algo que tenemos que cuidar y mantener. En el mundo hay muchos bancos genéticos que se dedican a proteger el trabajo humano acumulado a través de la selección artificial a lo largo de numerosas generaciones. Los hay para todos los cultivos importantes. Por ejemplo, el que se dedica a la protección de la herencia de la papa es el Centro Internacional de la Papa, que tiene registradas más de 4,000 variedades de papas comestibles y otras 3,000 silvestres (Centro Internacional de la Papa, 2019; Crop Trust, 2019). Estos números son la consolidación de generaciones de trabajo humano, raíces cuidadosamente moldeadas en el tiempo y por el ambiente. Mucho de este trabajo es rastreable hasta a las montañas de los Andes, y desde hace algunos años esta herencia se comenzado a gastar (Centro Internacional de la Papa, 2006). En estos números se encuentra una moneda de cambio con el potencial de ayudarnos a resolver muchos de los problemas alimentarios que nos hemos causado en los últimos siglos.

Aproximadamente un tercio de las personas que actualmente habitan el planeta viven con hambre y se estima que para el 2050 se necesitará un incremento en la producción del 70% al 100% para mantener a los 9 mil millones de personas que habitarán el planeta en esa época (Godfray *et al.*, 2010). Durante el siglo XX la humanidad logró incrementar la productividad de los cereales hasta tal punto que la producción mundial de alimentos se duplicó, con apenas un aumento de 9% de la superficie cultivada. Las tecnologías sobre las que cimentaron estos logros fueron un fácil acceso a los fertilizantes, mejoras en los controles de plagas y la creación de nuevas variedades de distintos cultiovos (Godfray *et al.*, 2010; Stokstad, 2019). Aunque si bien este beneficio fue fomentado para los cereales, muchos otros cultivos se beneficiaron del conocimiento desarrollado en ese tiempo. La nueva producción de cereales cambió la manera en la que las personas se alimentaban. Sin embargo, uno de los principales cultivos alimenticios quedó fuera de este proceso: la papa. De cualquier forma, su cultivo tiene unos enormes rendimientos, si bien varía de país a país. Por ejemplo, en México que tiene un promedio de 27 toneladas por hectárea, mientras que en Kuwait se producen 62 toneladas por hectárea en la misma superficie cosechada (FAOSTAT, 2017). El rendimiento de los tubérculos apenas ha variado en los últimos 50 años (Godfray *et al.*, 2010). En el futuro se espera que estos puedan mejorar desde su resistencia a plagas, capacidad de cultivarse en terrenos con alta salinidad y una mayor duración durante una vez cultivada.

Sin embargo, los rendimientos agrícolas que se lograron en el siglo XX tuvieron grandes impactos ambientales. La gran dependencia de insumos convirtió a la agricultura en uno de los procesos con mayores impactos en el planeta (McDonald, 2010). En la actualidad muchos de las grandes presiones ambientales tienen su origen o están relacionadas con la producción de alimentos

(McDonald, 2010; Rockström *et al.*, 2009). Reducir estas presiones es uno de los retos más importantes para la sustentabilidad. Para lograrlo. una meta concisa se encuentra en la disminución del consumo de carne, no obstante, el consumo de proteína animal lejos de disminuir se ha incrementado (USDA 2019). El mayor consumidor de carne el mundo es China, un país que, conforme el ingreso per cápita se incrementa, también lo hace su consumo de carne de cerdo, generando serios problemas ambientales dentro y fuera del país (Kooroshy, 2013; Liu *et al.*, 2016). La solución del gobierno chino ha sido incentivar el consumo de productos no cárnicos, principalmente la papa que ha sido un ingrediente de acompañamiento, usando las tierras históricamente olvidadas por la agricultura, China se ha convertido en el primer productor de papa en el mundo (FAOSTAT, 2017) y con enormes inversiones en publicidad para fomentar el consumo de distintos productos de papa (Ganling, 2015) el cual ha incrementado, un giro que se espera se avance más rápido que los problemas que pretende resolver.

Las presiones hacia los ecosistemas representan un gran reto para adaptar nuestra alimentación, estos representan un cambio desde muchos ámbitos y principalmente en cómo funciona el sistema alimentario. No obstante, la diversidad biológica juega un papel importante en este futuro alimentario, y hay regiones en el planeta que nos recuerdan sobre la diversidad olvidada por la estandarización de los alimentos. Explorar la diversidad a través de nuestro plato puede ser una de las maneras que pueden ayudar a combatir estas presiones, pero también de hojear la experiencia humana.

4. Albóndigas de amaranto

Andrea Arias-González, Isis Granados-García y
Cynthia Ramos-Ortiz

Albóndigas

Ingredientes

½ taza de amaranto

½ taza de avena

1 taza de trigo

¼ de cucharada cafetera de alga espirulina

½ taza de hierbabuena

1 ajo

3 clavos

1 pizca de comino

Preparación

En un molcajete se machaca 1 ajo, 3 clavos y una pizca de 3 dedos de comino, mientras se le agrega agua caliente periódicamente. Posteriormente, se agrega la ½ taza de avena y se mezcla hasta formar una consistencia espesa. Se guarda la pasta aparte, pues será utilizada con otros ingredientes.

El trigo se pone a remojar una noche antes y después se hierve durante 25 minutos. Una vez hervido, se machaca en el molcajete hasta formar una pasta que se va a incorporar con la pasta de avena y especias para homogeneizar. A esta nueva mezcla se le agrega ½ taza de amaranto, ½ cucharada de alga espirulina y la hierbabuena finamente picada. Con dicha mezcla se forman bolitas del tamaño de su elección y se ponen a freír en aceite. Una vez hecho esto, se dejan enfriar y se procede a la preparación del caldo que las acompañará.

Caldo

Ingredientes

3 jitomates

Cebolla al gusto

1 diente de ajo

Sal al gusto

2 cucharadas de harina de trigo

Aceite

Preparación

Se ponen a asar los 3 jitomates, se les retira la piel y se dejan enfriar. A continuación se muelen en la licuadora junto con el ajo y la cebolla, una vez lista la mezcla, se cuela. En una cacerola con aceite se vierten las 2 cucharadas de harina hasta que adquiera un color ligeramente dorado. Sobre ésta se vertirá la mezcla que se licuó para sazonarla con sal al gusto. Se le agrega agua periódicamente hasta que adquiera la consistencia preferida. Se deja a fuego bajo hasta que hierva. Incorporar las albóndigas al caldo durante 5 minutos para que adquieran mayor sabor.

Finalmente, se sirven.

Un alimento con alto valor nutricional y bajo impacto hídrico

Los nutrientes son las sustancias químicas contenidas en los alimentos que el cuerpo descompone, transforma y utiliza para obtener energía y materia para que las células lleven a cabo sus funciones correctamente (Martínez y Pedrón, 2016). Para garantizar una nutrición adecuada es necesario llevar una dieta equilibrada que incluya alimentos variados en las cantidades requeridas para el organismo.

Alimentar a la creciente población mundial se ha presentado como un reto de suma importancia y alerta internacional. El buscar proporcionar cantidades suficientes de alimento ha descuidado su calidad y abastecimiento en general. Aunado a esto, existen riesgos que limitan su producción debido a eventos extremos inducidos por el cambio climático, cambio en el uso del suelo y la inminente reducción de agua disponible en volumen y calidad aceptable para la agricultura (Pérez, 2015).

La causa principal de la crisis alimentaria mundial, no es un problema de producción sino de inequidad en el acceso y distribución de los alimentos (FAO, 2009). Por ello, es imprescindible diseñar estrategias que permitan enfrentar el reto de la seguridad alimentaria (Pérez, 2015).

El concepto de dieta sostenible proviene de la definición de desarrollo sostenible, que se enfoca en el cambio de las dinámicas de explotación de los recursos naturales, la orientación del desarrollo tecnológico, inversiones económicas y el cambio institucional para cubrir las necesidades de los seres humanos. En consecuencia, se ha definido como dieta sostenible a «aquella dieta con un impacto medioambiental bajo, que contribuye a la seguridad nutricional y alimentaria, además de ayudar a las generaciones presentes y futuras a llevar una vida saludable» (FAO, 2012; Pérez, 2015). De manera que la propuesta sería hallar una combinación de alimentos en la dieta que sean a la vez nutritivos, promotores de la salud y sostenibles e inocuos para el medio ambiente.

El agua es un recurso determinante para la seguridad alimentaria. Su disponibilidad en los ecosistemas garantiza la producción alimentaria (pesca, cultivos y ganadería) y por consiguiente la elaboración, transformación y preparación para satisfacer nutricionalmente a las generaciones presentes y futuras.

Alrededor del 70% del agua dulce extraída a nivel mundial es utilizada para fines agrícolas. Sin embargo, uno de los retos que enfrenta la agricultura tiene que ver con la insuficiencia e irregularidad de la lluvia para la productividad alimentaria. En algunas regiones los recursos hídricos son escasos, contribuyendo a una distribución desigual de los mismos (HLPE, 2015).

Estas «albóndigas de amaranto» son una receta que se propone como una alternativa alimenticia a las recetas tradicionales que llevan carne, buscando incentivar una dieta que incluya más platillos de origen vegetal. Sus ingredientes representan una fuente importante para contribuir a una dieta nutricionalmente equilibrada, que a su vez, cuente con menor impacto hídrico y promueva la producción de cultivos locales, permitiendo la elaboración de un platillo de costo accesible, fácil preparación y socialmente aceptado por la población.

Los ingredientes utilizados en esta receta son de fácil acceso, ya que son principalmente cereales producidos y distribuidos a nivel mundial, que pueden conseguirse a bajo costo. Además de que provienen de cultivos que pueden adaptarse con facilidad a distintas condiciones geográficas y ambientales, incluso algunas que puedan resultar adversas para otros cultivos (principalmente hídricas). A su vez, es un platillo óptimo para incorporarse a cualquier tipo de dieta (vegana, vegetariana y omnívora), puesto que estos cereales, brindan proteínas que pueden sustituir a las obtenidas a través de la carne y otros nutrientes, proporcionando mejores características nutricionales. Aunado al beneficio nutricional, la producción de cereales para consumo humano ayuda a reducir la huella hídrica destinada a la producción de forraje como alimento para ganado.

No existe platillo perfecto, por lo que existen algunas desventajas, como lo es el acceso al alga espirulina (ingrediente que no se produce de manera local y podría representar un costo mayor), motivo por el cual podría omitirse sin afectar la receta, sin embargo, si se añade brinda un complemento nutritivo de alto valor. Además, una posible desventaja sería la implicación del uso del trigo y de la avena para las personas celíacas o aquellas que sean sensibles al gluten; sin embargo, las cantidades de los mismos no son tan elevadas, de manera que podría buscarse una alternativa sin gluten usando estos mismos ingredientes. Este platillo presenta características versátiles, existiendo pequeñas modificaciones en algunos pasos al momento de elaborar la receta, permitiendo la adición de otros ingredientes como verduras, o incluso las distintas opciones para servir el platillo dependiendo de las preferencias personales y la forma de acompañarlo con otras guarniciones.

5. Pozole vegetariano

Viridiana González-Estrada, Ananda Monteforte-Cariño y
Cecilia Reyes-Cervantes

Ingredientes del pozole

500 gr de maíz pozolero

250 gr de setas

10 tazas de agua (2.5 L)

1 chile ancho seco sin semillas

1 chile guajillo seco sin semillas

2/4 (300 gr) de cebolla blanca

3 dientes de ajo

½ cucharada de comino en polvo (125 g)

Sal y pimienta al gusto

Complementos

Rábano

Lechuga

Orégano

Limón

Tostadas

Preparación

Para la elaboración del pozole se lava muy bien el maíz pozolero hasta que el agua sea transparente, después se cocerá en una olla con suficiente agua, un diente de ajo y un cuarto de cebolla, hasta que el maíz reviente y esté suave (tiempo aproximado de 50 a 70 minutos). Después, se hierven dos tazas de agua en una olla, se le agrega un chile seco, sin rabo ni semillas y se cocina por 5 minutos, se deja enfriar y se licua el contenido de la olla con la cebolla y el ajo antes cocidos al finalizar, se le agregan los condimentos: comino, sal y pimienta.

Posteriormente, se colocarán 2 litros de agua en una olla grande, después agregaremos la mezcla de la licuadora y el maíz cocido, esto se cocerá a fuego medio por 20 minutos hasta el punto de ebullición. Cuando se encuentre listo, se adicionarán las setas, previamente lavadas y rebanadas en tiras finas. Después de 5 minutos, se va probando el pozole, con la finalidad de saber si es necesario agregar más condimentos. Finalmente, se sirve el pozole y se acompaña con los complementos al gusto: rábano, lechuga, orégano, chile, limón y tostadas.

México y parte de su historia culinaria

El pozole es uno de los platillos más emblemáticos de la cocina mexicana. Se distingue por su versatilidad y por su presencia en las fiestas patrias por los colores que sus ingredientes forman en la actualidad, con el verde, blanco y rojo (verde de la lechuga, blanco de los rábanos y rojo del caldo). Y en otros tiempos, también era un platillo ceremonial (Méndez, 2019). La palabra pozole deriva de la original *pozolli* que en náhuatl significa espuma, debido a que los granos de maíz, cuando hierven, se abren como flor y crean una abundante espuma. Originalmente, el maíz se cocía con agua y cal, después, se dejaba remojando en la misma agua toda la noche para descabezar los granos al día siguiente (Méndez, 2019).

Fray Bernardino de Sahagún en sus relatos de la Historia General de las Cosas de la Nueva España, describe que en los tiempos precolombinos. El pozole llevaba carne humana, la carne de los prisioneros de guerra abatidos en combate, ya que los pueblos mesoamericanos tenían muy arraigada la cultura guerrera. En las fiestas en honor al dios Xipe Tótec, que representaba la fertilidad y los sacrificios, al Emperador Moctezuma se le llevaba un plato de pozole en el que se veía el muslo de un joven guerrero enemigo sacrificado. En marzo de 1530, el conquistador español Nuño Beltrán de Guzmán, entró a Tonalá, Jalisco, donde lo recibieron con este tradicional platillo y al darse cuenta que tenía carne humana rompió de tajo la olla y prohibió su uso en la preparación del pozole (Méndez, 2019).

El pozole era, y sigue siendo, un platillo de fiesta, en el sistema de pensamiento mesoamericano. La comida era un acto social, nadie hacía un pozole para comerlo solo o con su familia, sino que era para toda la comunidad. Las construcciones sociales no se destruyen tan fácilmente y por eso, en la actualidad, en las comunidades rurales todavía se acostumbra la preparación de este platillo para las celebraciones importantes, que ya no solo incluyen a la fiesta patronal, sino todo tipo de fiestas como reuniones, bodas, bautizos y hasta quince años (Méndez, 2019).

Lo que pocos cuentan sobre la producción agrícola

El uso de ingredientes orgánicos en este platillo tiene como finalidad reducir algunos de los efectos negativos provocados por la producción agrícola convencional, la cual tiene las siguientes características principales: es intensiva, usa grandes cantidades de insumos externos a los sistemas agrícolas, como energía fósil, químicos sintéticos, pesticidas, entre otros y no considera los ciclos naturales, los efectos adversos en la salud, ni el uso racional y sustentable de la naturaleza ya que sus objetivos principales buscan lograr el máximo rendimiento en la producción (Segrelles, 2001).

Este modelo de producción convencional fue adoptado a partir de la década de 1950, cuando, bajo esta concepción de la agricultura, la labranza era vista como una pieza clave e ineludible a la hora de producir granos y forrajes. El paquete tecnológico de producción con labranza incluía prácticas como arar, rastrear, y quemar los residuos, dejando el suelo vulnerable.

Por definición, la agricultura es una práctica humana que altera los ecosistemas y el entorno biogeofísico. Las tendencias actuales de la actividad agrícola pueden causar más daño ambiental global en las décadas venideras de lo que causarían retos actuales, como el cambio climático global. Aproximadamente un tercio de la tierra fértil del mundo está moderada o severamente dañada por la erosión, salinización, extracción de agua, adición de químicos externos, pérdida de material orgánico y compactación, entre otros. Además, el aumento de las prácticas de riego aumentan los daños ya existentes, sin considerar que agotan los grandes acuíferos subterráneos del mundo. Hoy en día, en el norte de China, el medio oeste americano y el noroeste de la India esto plantea una amenaza inminente ya que el 70% del agua mundial disponible se usa para agricultura (Organización Panamericana de la Salud, 2006).

El aumento en el uso de fertilizantes nitrogenados en la agricultura contribuye directamente a la acidificación y salinización del suelo ya que se elevan los niveles de nitrato en las aguas subterráneas, superficiales y costeras, además de aumentar la emisión de óxidos de nitrógeno en el suelo y en la atmósfera, produciendo efectos adversos en la salud cardiorrespiratoria humana, los cultivos y los ecosistemas (McMichael, 2005; FAO, 2012).

Como alternativa a este modelo de producción de alimentos, tenemos la agricultura orgánica, también llamada agroecológica o biológica, la cual es definida por el *Codex Alimentarius* como un sistema productivo integral u holístico que promueve y mejora la salud del agroecosistema, el cual considera en sus prácticas la biodiversidad, los ciclos biológicos y la actividad biológica del suelo. Este sistema emplea prácticas de manejo bajas o nulas en uso de insumos externos y se adapta a las condiciones regionales y locales. Esto se logra utilizando métodos culturales, biológicos y mecánicos para satisfacer cualquier función específica dentro del sistema (Soto, 2003).

La agricultura orgánica no es simplemente dejar de aplicar plaguicidas o fertilizantes al cultivo, sino que tiene un enfoque proactivo el cual busca prevenir los problemas antes que corregirlos. Por ejemplo, en el control de plagas, busca actuar sobre las causas de aparición de las plagas, y no sobre la población de la plaga misma. Es decir, busca evitar las condiciones ideales de alimentación, reproducción y crecimiento de las poblaciones, además de fomentar la aparición de sus enemigos naturales (Soto, 2003).

¿Por qué el pozole vegetariano puede ser sustentable en pleno Antropoceno?

Con la elección de este platillo pretendemos apegarnos a la cultura mexicana, contrarrestando los efectos del Antropoceno. Ya que la globalización y el aumento de la urbanización han transformado los sistemas alimentarios mundiales, dando como resultado cambios en las dietas de las poblaciones. La variedad vegetariana de este platillo enfatiza un cambio en los hábitos de consumo hacia opciones más saludables y más sustentables, integrando la salud humana con la ecosistémica por medio de la producción sustentable de alimentos, la cual contempla la biodiversidad, el cambio climático, la seguridad alimentaria y económica, el patrimonio biocultural, la producción local y la equidad social a partir de prácticas como la agricultura orgánica (McMichael, 2005; FAO, 2012; Swinburn *et al.*, 2019).

Otro aspecto a retomar es el del consumo de carne ya que se ha duplicado el consumo de la misma per cápita, desde la década de 1960, datos recientes indican que para el año 2014, una persona consumía promedio 43 kilogramos de carne. Esto significa que la producción total de carne ha estado creciendo a un ritmo mucho más rápido que la población. La sustitución de la carne por las setas, busca minimizar el impacto ambiental que conlleva la producción ganadera, la cual utiliza cerca del 70% de las tierras agrícolas mundiales siendo la principal causante de la deforestación, sin considerar las generar grandes cantidades de metano y consumo excesivo de agua (McDonald, 2010; Ritchie y Roser, 2018).

Efectos derivados de la producción de carne a nivel global llevaron a la Organización de las Naciones Unidas para la Alimentación y la Agricultura a desarrollar el concepto de dietas sustentables, las cuales tienen impactos ambientales bajos y contribuyen a la seguridad alimentaria, permitiendo llevar una vida saludable para las generaciones presentes y futuras (FAO, 2012).

La producción orgánica se sitúa dentro del concepto de dietas sustentables mencionado anteriormente, ya que sus impactos son mucho menores en comparación de la producción convencional de alimentos. De igual forma acarrea efectos positivos generados en los productores y consumidores hasta los ecosistemas a nivel mundial. La producción sustentable es una estrategia que busca cambiar algunas de las limitaciones encontradas en la producción convencional, fundamentada no sólo en un mejor manejo de la biodiversidad y suelo sino también en aspectos sociales que incluyan un mayor valor agregado y una cadena de comercialización más justa (Soto, 2003).

Creemos que estas acciones mantendrán una identidad cultural alimentaria única, que será expresada a través de las dietas que se adaptan y tratan de cambiar la actual producción convencional, basada en nuevas tecnologías que avanzan a pasos agigantados y que al mismo tiempo afectan al ecosistema, productores y consumidores. A pesar de esta producción convencional «eficiente» de alimentos, la desnutrición, el cambio climático, la obesidad y sus enfermedades asociadas siguen siendo problemas muy importantes a nivel mundial (Swinburn *et al.*, 2019).

Esperamos que por medio de esta receta se contribuya al mantenimiento de la cultura alimentaria mexicana, con prácticas sustentables de selección, combinación, incorporación y distribución de alimentos adaptados a combatir el panorama actual del Antropoceno (De La Cruz, 2017) en donde la redistribución y las acciones individuales conscientes contribuyan a mejorar el mundo en el que vivimos.

III. Platos fuertes

6. Tamales de flor de calabaza con chile morita y hoja santa, acompañados de frijoles con epazote

Pamela Saavedra Tovar, Amaranta Paz Navarro, Alexis Ariel Alcázar Aragón, Alejandra Villaseñor y Julio Eduardo Lara Tello

Ingredientes

Tamales

1/2 kilo de masa blanca para tortillas

250 ml de caldo de pollo o de res

150 gramos de manteca de vegetal

8 tomates verdes

3/4 de cucharada de polvo para hornear

1 cucharada de sal

25 hojas de maíz para tamal (estas de dejan remojar en agua por un día entero, después se secan y se usan)

Relleno

25 flores de calabaza

1 cucharada de aceite de oliva

7 chiles morita

1 hoja santa grande

1/2 cucharada de consomé de pollo en polvo o medio vaso de caldo de pollo

1/2 cebolla blanca

1 diente de ajo

Una pizca de sal y pimienta

Frijoles

2 tazas de frijoles negros

1/2 cebolla

1 manojo de epazote

6 tazas de agua

1 diente de ajo

1 pizca de sal

Preparación

Tamales

En una olla, se pone a hervir 300 ml de agua, una vez hirviendo se agregan los tomates. Dejar cocer por 10 minutos. Mientras el agua hierve, se procede a preparar la masa. Para esto, se mezcla la harina de maíz con el caldo durante 20 minutos. En un recipiente aparte, se bate la manteca hasta que quede esponjosa y se agrega a la masa. Simultáneamente, se va agregando poco a poco el agua hervida de los tomates. Se mezcla vigorosamente hasta que, al poner una bolita de la masa en una taza de agua fría, ésta flote. Una vez logrado esto se agrega el polvo para hornear y la sal y se mezcla muy bien.

Relleno

Para la salsa del relleno se licuan los chiles morita y la hoja santa junto con el caldo de pollo o el consomé disuelto con medio vaso de agua, ¼ de cebolla, el diente ajo y una pizca de sal y pimienta.

Se pica finamente la cebolla y se pone a freír con el aceite de olivo. Cuando la cebolla esté transparente se agregan las flores previamente lavadas y cortada en tiras y se dejan freír por 15 min aproximadamente y a fuego bajo. Posteriormente se agrega a las flores la salsa y se deja cocer a fuego medio hasta que quede una pasta espesa.

Se distribuye una cucharada de masa en cada hoja de tamal y se agrega el relleno encima. Se doblan y se ponen a cocer en una tamalera sobre un colchón de hojas de tamal. Se dejan cocer durante 45 minutos, o hasta que se desprendan fácilmente las hojas.

Frijoles

Colocar el agua y los frijoles en una olla de presión por 20 minutos, agregar la sal y dejar por otros 15 minutos, después agregar la cebolla el ajo y el epazote y dejar cocer otros 10 minutos.

El tamal y la milpa: guardianes de la diversidad biológica y cultural de México

La receta que aquí se presenta busca integrar a través del tamal, uno de los alimentos básicos de la dieta mexicana, algunos de los elementos principales de la milpa: maíz, frijol y calabaza, conocidos como la tríada mesoamericana, además de chile, hierbas, quelites, epazote y hoja santa. Se trata de un platillo con mucho sabor e historia.

En el presente capítulo incursionamos en la historia de la milpa, un sistema agroecológico ancestral en riesgo, el cual, además de ser sostenible, fue y sigue siendo la base del desarrollo de la cultura mesoamericana y su rica gastronomía. Lamentablemente, la industrialización del campo no sólo ha puesto en riesgo la agrobiodiversidad ahí concentrada, sino los saberes, las tradiciones, la identidad y la seguridad alimentaria de muchos pueblos vinculados a este sistema.

De chile, de dulce y de manteca...

Los tamales son una masa hecha a partir del molido de grano de maíz revuelto con manteca de cerdo, los cuales pueden ir con o sin relleno. Normalmente dentro llevan algún guisado o verdura si son salados. Si son dulces, van revueltos con azúcar o alguna fruta como piña o zarzamora. Son cocidos al vapor y envueltos en hoja de maíz o de plátano.

En México existen tantas variedades de tamales como de culturas y paisajes. Éstos han sido adaptados a las necesidades y cosmologías de cada cultura, pero también a los recursos naturales de cada sitio. Por ejemplo, es más común encontrar tamales envueltos con hoja de maíz o de plátano en las zonas centro y sur del país. Sin embargo, en la zonas áridas los tamales también son envueltos con la hoja del maguey (Didou Aupetit y Ramírez Bonilla, 1998).

Desde tiempos prehispánicos el tamal ha estado presente en la dieta básica de los mexicanos. Gracias a textos como el *Códice Florentino*, hoy sabemos por ejemplo que los antiguos mexicas tenían diferentes tipos de tamal: «los comunes» como el *nacatamalli* (tamal de carne), que conservamos hoy en dia; los de «los señores» como el *nexyo tamalli cuatecuicuilli* (tamales de ceniza envueltos) o tamales «nejos» como se conocen ahora; y finalmente los «ceremoniales» (Vela, 2017a). Los mexicas preparaban un tipo de tamal llamado *Huentelototli* o «Las bolas de ofrenda», el cual era preparado en honor a los dioses de la lluvia Tláloc y Chalchiuhtlicue durante el mes de Junio o Etzalcualiztli, mes en el que iniciaba la temporada de lluvias y por consiguiente la siembra del maíz (Vela, 2017a).

A su llegada, los españoles introdujeron animales de crianza al territorio mesoamericano, como la vaca, los chivos, las gallinas y el cerdo, que se incorporaron a las distintas gastronomías locales. Es por ello que la gran mayoría de los tamales están rellenos con guisos de carne de cerdo o pollo. Sin embargo, en tiempos prehispánicos, lo que se acostumbraba era rellenar los tamales con carne de guajolote o elementos que encontraban en estado silvestre en los montes como los hongos y diferentes clases de hierbas e insectos. Además, se utilizaban productos cultivados en la milpa como la calabaza, el chile, el frijol y hierbas comestibles o quelites como el chipilín (*Crotalaria longirostrata*), el epazote (*Dysphania ambrosioides*) y la hoja santa (*Piper auritum*) (Pilcher, 1996; Didou Aupetit y Ramírez Bonilla, 1998). Los purépechas por ejemplo, además de los tamales tradicionales como las corundas y los uchepos, elaboraban tamales especiales para las bodas rellenos de frijol, mientras que en la costas de Oaxaca se hacen tamales con camarón, acuyo (otro nombre con el que se conoce a la hoja santa) y pepita, que es la semilla tostada de la calabaza (Vela, 2017b).

Los tamales son una muestra de la rica diversidad cultural mexicana, pero además, de la extensa biodiversidad que alberga el país en sus diferentes regiones. Hoy en día, gran parte de esta diversidad biocultural se encuentra concentrada principalmente en sistemas agrícolas tradicionales como la milpa, los solares o huertos de traspatio, los cuales son considerados la base de la seguridad y soberanía alimentaria campesina (Moreno-Calles *et al.*, 2016).

La milpa

La palabra «milpa» viene del náhuatl *milli* (que significa campo) y *pan* (encima), es decir, encima del lugar. La milpa consiste en un sistema agroalimentario de temporal que está compuesto principalmente por maíz, frijol y calabaza. Sin embargo, no se limita a esta tríada, también se cultivan quelites, chiles, algunas verduras y plantas medicinales. Así mismo, se pueden encontrar árboles frutales, magueyes y nopales a manera de bordes naturales de la milpa.

Históricamente, la milpa ha representado una de las formas de agricultura familiar más importantes. Las sociedades prehispánicas tales como las de Occidente, la Olmeca, la Mexica y la Maya, tuvieron en común el cultivo de la milpa, no sólo como su principal sistema agroalimentario, sino como el eje central de su civilización. De hecho, el cultivo de la milpa fue la base económica de toda la región cultural de Mesoamérica (Pacheco-Castro, 2010; Zizumbo y Colunga, 2017).

A través de estudios paleo-etnobotánicos y genético-moleculares sobre los procesos de domesticación se ha demostrado que este sistema de cultivo se estableció hace aproximadamente 9,000 años, a partir de especies de la selva baja caducifolia que se vieron beneficiadas por incendios en la región del occidente y respondieron de manera positiva a la selección y manejo agrícola (Zizumbo y Colunga, 2017).

Los ancestros silvestres de las especies, que después de miles de años integrarían a la milpa, eran difíciles de consumir por su estructura y sustancias químicas que contenían (Zizumbo y Colunga, 2017). Por ello, a través de distintas técnicas como el secado al sol, tratamientos termo-alcalinos a granos y semillas con cenizas, la molienda de granos, el cocimiento bajo tierra de raíces y bases de las hojas, el macerado de frutos y el fermento, los grupos humanos lograron hacer disponibles los nutrientes para su consumo. Del teocintle, y posteriormente del maíz, adquirieron los carbohidratos; de los frijoles, las proteínas y los ácidos grasos de la calabaza (Zizumbo y Colunga, 2017).

En la parte occidental de la antigua región de Mesoamérica conformada por los actuales estados de Sinaloa, Nayarit, Jalisco, Michoacán y Colima, aún se pueden encontrar personas que preparan algunos alimentos con granos, semillas y frutos del maíz, frijol y calabaza con herramientas de herencia prehispánica como el metate y utilizando aún especies silvestres. Entre los principales alimentos se encuentran las palomitas, pinoles, atoles, tamales, tepaches y salsas. Los estudios etnobotánicos sugieren que al menos 25 platillos fueron los que conformaron el sistema alimentario en el período neolítico (Zizumbo y Colunga, 2017).

A lo largo del país, aún podemos encontrar una amplia diversidad de sistemas de milpa, los cuales se han vuelto cada vez más ricos en composición y complejos en estructura. Cada región intercala distintos cultivos dentro del mismo policultivo, ya sea con plantas nativas de la zona o con híbridos que las y los agricultores han seleccionado a lo largo del tiempo. También puede variar el manejo, selección y replicación de los alimentos que la integran (Santillán, 2014). A la milpa se le conoce como *milpan*, *chinamilpan* y *huamilpa* en náhuatl, *itzzu* en mixteca, *guela* o *cue* en zapoteco, *tarheta* en purépecha, *huähi* en otomí, *kool* en maya, *takuxtu* en totonaco, *yaxcol* en tzotzil, *ichírari* en tarahumara y *tjöö* en mazahua (CONABIO, 2012).

La milpa como eje de la cultura mesoamericana

La subsistencia de varios pueblos originarios ha sido resultado de las estrategias de uso múltiple de los recursos naturales que les han permitido adaptarse a diferentes circunstancias por aproximadamente tres milenios, como es el caso de las comunidades indígenas mayas de Yucatán, Quintana Roo y Campeche (Toledo *et al.*, 2008). Dentro de las múltiples estrategias que han implementado se encuentran prácticas agrícolas como la milpa y el huerto familiar, las actividades apícolas, ganaderas, agroforestales, cacería tradicional, recolección y extracción, las cuales se combinan para aprovechar la diversidad de flora y fauna, relieves y tipos de suelos (Toledo *et al.*, 2008).

Entre esta variedad de estrategias, ha sido de gran utilidad la domesticación de plantas, que busca nivelar las variaciones de productos obtenidos en la estación de secas y de lluvias con el fin de mantener una cierta abundancia a lo largo del año (Carrillo-Trueba, 2010). De todas las especies y variedades que fueron domesticadas, el maíz marcó a los pueblos mesoamericanos no sólo en términos productivos o alimentarios, sino también culturalmente.

El maíz se encuentra en el centro de las diversas cosmovisiones mesoamericanas (Pacheco-Castro, 2010). Representa una parte fundamental de los mitos de origen de estos pueblos, en los cuales comúnmente afirman que el ser humano se originó a partir de esta planta. Por lo tanto, el maíz se ve como una metáfora de la vida, del nacimiento, crecimiento, reproducción y muerte del ser humano.

Por otro lado, en muchas de las comunidades rurales donde el cultivo de la milpa sigue siendo la base de la alimentación, el calendario anual se estructura de acuerdo a la alternancia de la temporada de lluvias y la de secas, el tiempo de preparación de la parcela y el inicio de la siembra, el transcurso del crecimiento y la cosecha, la cual está ligada a su vez con la observación del movimiento de los astros; por ejemplo las fases de la luna. La visión dualista lluvias/secas se ve reflejada también en la celebración de fiestas como el Día de Muertos y la de la Santa Cruz en varias localidades del territorio mesoamericano, que marcan el fin de la época de secas y de lluvias respectivamente (Pacheco-Castro, 2010).

Riesgos y amenazas

El maíz es el cultivo más importante de México. Se siembra en 35% de la superficie cultivable del país y es el principal cultivo del 59% de la superficie agrícola de temporal, este suele ser de autoconsumo y es el producto principal de la milpa (de la Barrera y Orozco, 2016). Se estima que en México al menos 6 millones de hectáreas de tierra se continúan utilizando para el cultivo de la milpa, la producción de estas mantiene la seguridad alimentaria de alrededor de 2 millones de familias campesinas (Bellon y Berthaud, 2004), lo que convierte a la milpa en un elemento que permite completar la dieta de millones de familias mexicanas.

Un factor que pone en riesgo la tradición de la milpa es el cambio de uso de suelo. Por ejemplo, las políticas de mercado impulsadas a partir de 1980 han provocado que los municipios cuya principal actividad productiva es la agricultura, no puedan generar ingresos suficientes para mantenerse. Lo anterior, ha obligado a los campesinos a migrar a otras ciudades o países, y en muchas ocasiones a rentar y llegar a vender sus parcelas a grandes terratenientes, quienes las utilizan para sembrar monocultivos industrializados (Asunção y Chein Feres, 2009).

Además del cambio de uso de suelo, la milpa se encuentra amenazada por el cambio climático global, pues al ser un cultivo de temporal, está sujeto a la variación natural de las lluvias. Sin embargo, los escenarios para México anticipan un cambio en la temporalidad habitual de la temporada de lluvia (Sáenz-Romero et al., 2010). Aunque no se sabe con certeza cómo reaccionará la milpa a tal cambio, no pinta nada bien el futuro para este ecosistema milenario (Gay et al 2006; Collins et al., 2013; de la Barrera y Orozco-Martínez, 2018).

Agroecología y la milpa

A grandes rasgos, podríamos decir que la agroecología es el resultado de la decisión de los científicos de estudiar lo que los campesinos e indígenas ya habían aprendido a hacer. Aunque en términos más estrictos, la agroecología se puede definir como la aplicación holística de los sistemas agrícolas sustentables con principios ecológicos y sociales (Restrepo *et al.*, 2000; Altieri y Toledo, 2011). Con «aplicación holística» nos referimos al análisis integral considerando variaciones de la naturaleza, presiones demográficas, relaciones económicas, globalización, la organización social de la región, entre otros aspectos. Los sistemas agrícolas sustentables buscan ser biodiversos, resilientes (es decir, capaz de recuperarse ante las adversidades), eficientes energéticamente, socialmente justos y constituyen la base de una estrategia fuertemente vinculada a la soberanía y seguridad alimentaria (Altieri y Toledo, 2011). Algunos de los principios para lograr lo anterior consisten en el reciclaje de nutrientes, de energía y la sustitución de insumos externos; la alta variedad de plantas y animales y su integración en tiempo y espacio; la diversificación de la productividad; la equidad en la producción y costes de los impactos ambientales; la comercialización en mercados locales y justos; entre otros.

Desde la agroecología, la milpa es considerada como un agroecosistema en donde se llevan a cabo importantes interacciones entre los elementos bioticos y abioticos las cuales traen consigo múltiples beneficios para los cultivos y el mantenimiento del sistema. Entre estos beneficios podemos encontrar con base en Benítez y Fornoni (2014):

- La adaptación de una biodiversidad de especies agrícolas y ecológicas a nichos locales en todo el país.
- La fotosíntesis eficiente por asociar especies con diferentes estratos herbáceos y arbóreos, como en el caso de la milpa intercalada con árboles frutales (MIAF) o el ciclo de la milpa maya (Ford y Nigh, 2009), así

como por distintos requerimientos de las especies en cantidad de energía solar.

- El fomento de la asociación entre bacterias fijadoras de nitrógeno atmosférico, hongos micorrízicos y raíces de especies que se caracterizan por tener longitudes distintas que absorben más nutrientes y agua
- La atracción de polinizadores por la presencia de flores coloridas, así como la de organismos tróficos o benéficos por el policultivo.
- El combate de plagas por arvenses alelopáticas.
- El reciclaje de nutrientes con la incorporación al suelo de grandes cantidades de materia orgánica.
- El funcionamiento de la milpa como una unidad ecológica evolutiva.

Todo lo anterior aumenta la resiliencia de los campesinos ante catástrofes climatológicas y del mercado económico con producciones altas y diversas. Así mismo, se fortalece la salud de las familias campesinas con especies de la milpa que proporcionan alimentos nutricionales variados e incluso medicinales.

Además, al existir una mayor biodiversidad derivada de la conectividad entre islas de vegetación primaria, aunado a las prácticas agroecológicas en la milpa, se permite el establecimiento de especies nativas silvestres que le dan continuidad a las poblaciones globales en el paisaje (Benítez y Fornoni, 2014). Un ejemplo de estas prácticas son aquellas realizadas en los ciclos de las milpas mayas de los lacandones. En estas milpas, el suministro de semillas por bosques maduros aledaños, el deshierbe juicioso de las parcelas, el uso minucioso del fuego, la generación de un suelo enriquecido y la identificación de relaciones funcionales de especies perennes han propiciado un paisaje con distintas etapas de sucesión de los bosques nativos (Ford y Nigh, 2009). Por tanto, el manejo tradicional maya de la milpa asegura y acelera la regeneración de la composición de especies del bosque tropical original así como de especies con utilidad económica y cultural para los llamados agrobosques mayas (Ford and Nigh, 2009). Dichos agrobosques son sistemas agroforestales caracterizados por un manejo de la vegetación de determinada zona de bosque o selva para cambiar su composición de acuerdo a los propósitos y necesidades de las personas, preservando atributos y funciones ecológicas similares a los del ecosistema original (Wiersum, 2004).

Conclusiones

La milpa como unidad ecológica y cultural derivó de la domesticación de las especies que la conforman, lo que permitió la organización y crecimiento de los pueblos mesoamericanos. Sin embargo, en la actualidad la milpa se enfrenta a escenarios difíciles debido al cambio climático y políticas económicas neoliberales que ponen en riesgo la biodiversidad que alberga y la identidad cultural que la sostiene. La milpa constituye un sistema que permite conciliar el uso agrícola con el uso de restauración y conservación, al mismo tiempo que resguarda la herencia cultural.

La milpa es un claro ejemplo de la circularidad de las relaciones complejas con la naturaleza. No la valoramos sólo porque nos permite comer maíz, sino porque gracias a la interacción con ella hemos podido transformar nuestra gastronomía, nuestros rituales, nuestras costumbres, nuestras actividades recreativas y en general, transformar completamente nuestra cultura y, por ende, nuestra identidad. Así continuamente nos redefinimos con ella mediante esas transformaciones mutuas. Hagamos milpa, seamos milpa.

7. Paella mestiza

Ángela Andrea Alvarado Rodríguez y
Andrea Celeste Contreras Guizar

Ingredientes

6 escorpiones emperador (Pandinus imperator)

150 g de gusano de maguey (Aegiale hesperiaris)

200 g de chapulines (Sphenarium purpurascens)

100 g de escamoles (Liometopum apiculatum)

12 caracoles (Helix pomatia)

1 kg Arroz

3 tazas de caldo de pollo o en su defecto agua

2 pizcas de azafrán

2 dientes de ajo

3 jitomates pelados y picados

1 cebolla finamente picada

2 pimientos picados

1 cucharada de sal de grano y pimienta

½ taza de aceite de oliva

Preparación

Pensando en lo que tal vez podría ser nuestra ultima buena cena, decidimos preparar un platillo para recordar las raíces de nuestros abuelos, una paella mestiza. La llamamos mestiza debido a que al estar en México en una región donde es común comer insectos, cambiaríamos la proteína animal tradicional por una poco utilizada por los españoles. La preparación quedó de la siguiente forma: se comienza a freír en aceite los escorpiones, chapulines y gusanos de maguey y salpimienta al gusto, revolviendo levemente para que no se pegue. Una vez sofrito se quita del fuego y se guarda para después. En una olla arrocera se coloca aceite, cebolla y ajo y se comienza a freír. Una vez clareada la cebolla se agrega el jitomate picado y el pimiento. Ya fritos los ingredientes se agrega el arroz, el azafrán y el caldo de pollo o agua. Se deja cocinar por aproximadamente 20 minutos, en caso de que no esté aun cocido se deja un poco más. Una vez cocinado se agrega la mezcla de escorpiones, chapulines y gusanos de maguey previamente preparados, se sirve en una charola y se cubre con una servilleta de tela o una tapa y se deja reposar. Para decorar se puede agregar una ramita de romero o perejil. Servir en platos individuales y disfrutar del fin del mundo o de otro día en el «paraíso».

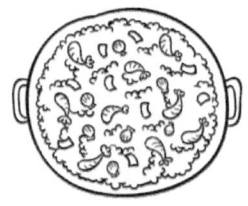

El recuerdo de un nuevo mundo

Ya no recordaba mi viejo hogar. Algunas veces llegaba a preguntarme a mí misma si realmente ese viejo lugar en mi cabeza era real o solo eran fantasías en mi cabeza. Ya casi no recordaba el sonido de las olas del mar ni cómo se sentía la brisa sobre mi piel mojada. Desde que llegamos a este seco llano mi vida carecía de sentido alguno. Extrañaba a mis padres, mis amigos de la infancia, mi pueblo, mi España. La gente del pueblo era muy extraña, parecían siempre estar muy atareados y siempre me veían raro, no me agradaban para nada. Sin embargo, mi nana logró encajar perfectamente con ellos, rápidamente se ganó su confianza y hasta parecía que se había olvidado por completo de nuestras raíces. Ya hablaba como ellos, usaba su ropa y comía como ellos. Yo simplemente me repelía de ellos, no quería nada de ellos. Lo único que quería era regresar al lugar de mi sueño, a mi casa junto al mar con mis padres. Desgraciadamente mi deseo resultaba imposible, la Guerra del Agua destruyó todo lo que conocía y amaba, mi familia incluida en ello. Mi nana y yo escapamos como pudimos después de que unos soldados acribillaran a todo mi pueblo. Huimos al único lugar donde nadie buscaría agua, un seco llano en el Norte de México. La comida era escasa aquí y el agua, ni se diga. La gente del pueblo se comía lo que podía, en su mayoría asqueroso insectos. Mi nana cuenta que cuando era joven la ONU mencionaba que en el futuro comeríamos insectos y que son una fuente de proteína muy accesible. Según palabras de la ONU «en el siglo XXI los insectos supondrán la mejor respuesta a la creciente población de la tierra, el creciente coste de la proteína animal y las presiones ambientales». Entonces lo veían como una opción, ahora es una necesidad si es que quieres tener proteínas. Yo, sin embargo, consideraba eso como algo primitivo y salvaje. Me rehusaba a comerlos, no me importaba estar muy delgada. Ya no me importaba nada, si moría o vivía a mí me daba igual. Mi nana me rogaba que comiera como la gente del pueblo. Estaba fascinada con la gran variedad de platillos que preparaban, rindiendo honor a sus raíces prehispánicas, según ellos. Por mi parte, estaba segura de que nos odiaban por ser españolas.

Conforme pasaban y pasaban los días mis ilusiones por vivir se iban agotando más y más. Me preguntaba una y otra vez por qué mis antepasados habían sido tan egoístas como para destruirlo todo. Por su culpa mi familia se había destruido y ahora me encontraba en un país extraño con gente extraña. Yo no quería esta vida, no me importaban los sermones de mi nana sobre el que debería de estar agradecida por estar viva y tener la oportunidad de descubrir un nuevo mundo y una nueva vida. Yo quería mi antigua vida, mi vida en mi país, con mi gente y mis costumbres.

Una mañana mi nana se levantó muy temprano y se fue a buscar unas cosas al mercado del pueblo. Yo como siempre me quede encerrada en mi cuarto en la choza que llamábamos casa. No me gustaba salir. Regresó y se puso a cocinar algo extraño. No entendía qué es lo que estaba haciendo. Puso en un viejo sartén unos escorpiones con unos grillos que la gente de aquí llamaba «chapulines», gusanos de maguey y unas cosas mucho más repulsivas que llamaban «escamoles». El solo hecho de verlos me revolvió el estómago, seguro era alguna receta de la gente del pueblo. Se veía muy entusiasmada, puso a freír cebolla picada con ajo, tomates (aquí llamados jitomates) y pimientos. Luego no sé cómo consiguió arroz y lo puso a cocer. Lo que sea que estaba cocinando no me interesaba, con tan solo saber que eso seguramente llevaría asquerosos bichos bastaba para repelerme. Como era mi costumbre me volví a encerrar en mi cuarto hasta que me quedé dormida.

En mi sueño veía a mis padres, jugaba en las olas del mar, sentía la brisa en mi cara y era feliz. Un olor me despertó de mis sueños, olía tan delicioso, era un olor familiar que me recordaba mi infancia. ¿Seguiría soñando? Me levanté y fui a buscar a mi nana. Me encontré con una pequeña mesa servida y un recipiente con algo que parecía... ¿paella? ¡No puede ser! Definitivamente estaba soñando. Me emocione como una niña. Mi nana me miró con ojos de ternura, «feliz cumpleaños». Ya me había olvidado de mis cumpleaños. Cuando me acerque para comer la alegría se fue de mis ojos y la repulsión de apoderó de ellos. ¡La paella tenía esos asquerosos bichos! Me enfurecí.

— ¿Cómo pudiste arruinar mi comida favorita con tus asquerosos bichos? ¿Acaso estas loca? ¿Ya te olvidaste de nuestras raíces? — le grité a mi nana.
— Yo solo quería darte una sorpresa por tu cumpleaños, querida. No te enojes y date la oportunidad de probar algo nuevo. — dijo nana con la mirada baja.
— Jamás probaré tal asquerosidad. El que tú ya te hayas olvidado de lo que es comer de verdad no quiere decir que yo tenga que comer así. ¡Tú ya te olvidaste de lo que es vivir bien y ahora te comportas y comes como estos salvajes!

Mi nana comenzó a llorar. Me partió el corazón verla por lo que decidí irme de la casa. Caminé por las afueras del pueblo y milagrosamente encontré un árbol bajo el cual recostarme. Me sentía terrible por cómo le había gritado a mi nana, ella era mi única compañía y yo no hacía más que gritarle y quejarme de todo. De repente sentí un fuerte ardor en mi pie, era como una brasa quemándome por dentro. Revisé mi pierna y vi que tenía dos sangrantes puntos arriba de mi tobillo. Una serpiente me había mordido. Me asusté mucho, busqué a la serpiente, pero no la encontré. El dolor era insoportable y sentía cómo avanzaba por cada célula de mi ser. Traté de caminar, pero no pude y caí en el suelo. Iba a morir, a morir sola. El sueño se fue apoderando de mí... luchaba por mantenerme despierta, pero era imposible...

***

El sonido de voces me despertó. Estaba en mi pequeño cuarto. Había sobrevivido. No sabía cuánto tiempo estuve dormida. Me levanté de la cama y, como pude, salí del cuarto para buscar a mi nana, pero en su lugar me encontré con unas mujeres del pueblo. Me miraban seriamente. Llamé a mi nana, pero no respondió. Les pregunte a las mujeres por ella, pero no respondieron. Insistí.

— Ya no está. — dijo una de las mujeres — Se fue.
— ¿Cómo que se fue? ¡Ella no se iría sin mí a ninguna parte!
— Murió. Ayer estuvo buscándote por todo el pueblo. Desgraciadamente una víbora la mordió. A ti te encontró mi hijo, a ella la encontramos ayer en la mañana. Estuviste dormida tres días.

Las lágrimas invadieron los ojos, me tambaleé y una de las mujeres me abrazó para no caer. Perdí a la única familia que me quedaba, la mujer que me amó y cuidó como una madre. Ahora sí que mi vida no tenía ningún sentido. Les pedí a las mujeres que se fueran. Quería estar sola con mi duelo, las mujeres se fueron. Me recosté en la cama de mi nana y lloré hasta quedarme dormida.

Los días pasaron y pasaron y yo me sentía igual. La gente del pueblo iba a verme y llevarme comida. Al parecer mi nana se llevaba tan bien con ellos que era muy estimada. Pero pese a que la pequeña choza siempre tenía gente que iba a revisar que me encontrara bien, yo me sentía cada vez más sola. Una tarde mientras buscaba unas ropas, encontré en una pequeña caja una carta. Nana le había escrito a alguien. Abrí el sobre y me di cuenta de que la carta estaba dirigida a mí:

Querida Lucía:

Entiendo que tu corazón esté roto por todo lo que has vivido, entiendo que ya no le encuentres sentido a la vida. Lo entiendo. Pero tú debes de entender que aferrarse al pasado ya no es una opción. ¡Tienes que vivir! ¡Me parte el corazón verte tan mal! Por favor no te dejes morir y vive. Abre tu mente y date la oportunidad que descubrir un nuevo mundo y una nueva vida. Yo se que extrañas nuestra tierra, pero eso jamás volverá. Eres joven y puedes transformar este mundo en algo mejor, pero solo podrás hacerlo si así te lo propones. *Redescubre tu vida y deja el pasado donde esta, no te estoy pidiendo que olvides tus raíces, solo te pido que no te cierres a este nuevo mundo y tomes lo mejor de las dos culturas.*

Es difícil para a mi escribirte esto, pero aún más complicado decírtelo de frente. Por favor no te molestes conmigo. Yo te quiero y así será por siempre.

Con amor,

María del Carmen, tu nana.

No pude evitar llorar. Siempre la trate con rudeza y ella solo quería que fuera feliz. Decidí cambiar mi vida por siempre, ya no me cerraría a este nuevo mundo, lo haría en honor a ella.

Me reuní con las mujeres del pueblo y les comenté que en honor a mi nana prepararía una gran comida. Una comida que nos uniera como pueblo. La idea les agradó y decidimos trabajar juntas. Para honrar a mi nana decidí usar la receta de la paella que preparó el día de mi cumpleaños. El día de su muerte. Las mujeres me ayudaron con la preparación. Al parecer mi nana había compartido la receta con ellas. Servimos la mesa en el centro del pueblo y todos se acercaron a comer. Pedí disculpas por mi nefasto comportamiento y rogué porque me aceptaran. Todos accedieron.

Aunque me causaba un poco de miedo comer insectos y escorpiones me arme de valor y comí mi porción de paella. Al dar el primer bocado mi memoria me llevó a mi infancia, en mi casa con mis padres. Pude escuchar las olas romper en la playa y sentir la brisa de nuevo en mi rostro. ¿Cómo es que me había negado a experimentar nuevas recetas? Las lágrimas corrieron por mi rostro, pero no eran lágrimas de tristeza sino de felicidad, sentí como si mi alma hubiera regresado a mi cuerpo y nunca más la volvería a perder, jamás volvería a cerrarme a mi nueva vida, disfrutaría de ella al máximo y viviría cada día como si fuera el último.

Entomofagia para la sostenibilidad alimentaria

Durante siglos, diferentes culturas alrededor del mundo han practicado la «entomofagia», que no es otra cosa más que el comer insectos, arácnidos y otros artrópodos. Nuestro país no es la excepción. En México esta práctica se ha mantenido desde antes de la conquista hasta nuestros días. Aunque pareciera una moda, diferentes organizaciones han declarado que la entomofagia será la solución a los problemas de alimentación que se presentarán en las próximas décadas, considerando que para el año 2050 estaríamos viviendo en el planeta aproximadamente 9 mil millones de personas (FAO, 2013). Este número representa un gran problema al momento de pensar en cómo alimentar tanta gente sin destruir los pocos ecosistemas que nos quedan, por lo que el continuar con nuestra actual dieta no es para nada sostenible. Si queremos sobrevivir a lo que se avecina tendremos que cambiar nuestros hábitos alimenticios y experimentar cosas nuevas.

La alimentación a base de insectos es una de las vías más eficientes para llegar a una seguridad alimentaria con una visión sostenible (FAO, 2013). La entomofagia no solo es una práctica amigable con el medio ambiente sino también beneficiosa para la salud, ya que se sabe que los insectos son fuente importante de proteína y nutrientes de alta calidad en comparación con la carne de res, puerco, pollo y pescado. Asimismo, dependiendo la etapa de vida del insecto pueden contener altos niveles de fibra micronutrientes como cobre, hierro, magnesio, fósforo, manganeso, selenio y zinc (Van Huis *et al.*, 2013).

Además de los beneficios inmediatos antes mencionados que este tipo de alimentación puede tener en el cuerpo y el entorno, también posee un beneficio social, ya que la recolección y cría de insectos para pienso o alimentos, daría oportunidad a una intensificación de los medios de vida. Esto es posible gracias a que la recolección y cría no son actividades de alto desgaste físico o de alto costo para quien lo realice, además de que no se necesita infraestructura o maquinaria especializada, lo que genera una mínima huella ecológica y económica (Van Huis *et al.*, 2013). En la realidad que hoy vivimos es necesario cambiar nuestros medios de producción y de mercado. La entomofagia provee una nueva forma de mercado donde se abren nuevas oportunidades económicas, donde se lucha contra la desnutrición y con una visión sostenible.

Se debe cambiar el pensamiento y paradigma de que la gastronomía basada en insectos es comida de emergencia o desagradable, ya que en muchas culturas los insectos representan un gran porcentaje de la dieta local básica o incluso son considerados manjares con valor ritual que se consumen solo en ocasiones especiales.

Entre las ventajas que se encuentran en la ingesta de insectos descritas por los autores Afton Halloran y Paul Vantomme (2013) en su guía sobre *La contribución de los insectos a la seguridad alimentaria, los medios de vida y el medio ambiente*, enumeran las siguientes:

- Fuente natural de proteína. Un insecto aporta un valor nutritivo bastante alto, algunos de ellos como los grillos y los gusanos de harina tienen muchos más nutrientes que otros animales, en relación con su peso y proporción, pues es posible consumirlos enteros.

- Sustentable para el planeta. El proceso de cría de animales de granja es bastante ineficiente, siendo responsable del 18% de las emisiones de gases de efecto invernadero que continúa afectando al planeta. Un insecto no requiere de muchos recursos para su crianza y al ser de sangre fría, el alimento requerido para su mantenimiento es mucho menor.

- La crianza de insectos para consumo humano representa un consumo mínimo de agua en todo su proceso de producción, en comparación al ganado tradicional en el que tan solo el ganado vacuno demanda 70 litros de agua diarios por cabeza en un día de verano.

- Mercado potencial de insectos y oportunidades de crecimiento económico con la crianza, comercialización y consumo de éstos.

Conclusiones

En nuestro futuro como humanidad inconsciente y voraz, que no tomamos medidas de cuidado de nuestros recursos cuando aún se podía y que llevamos al colapso a los ecosistemas del mundo, debemos adaptarnos a un cambio profundo en nuestro estilo de vida, tanto a nivel personal como de sociedad. Los alimentos altamente procesados y con alto impacto ambiental serán sustituidos por alimentos más simples y con alto nivel nutricional, con poco consumo de agua y pocos ingredientes cárnicos. Nuestra propuesta de una «paella mestiza» es una forma de adaptarnos al cambio de tal forma que sigamos arraigados a nuestras cultura y costumbres. Por ejemplo, la paella que es un platillo típico español, se transforma a una forma más sustentable, dando la oportunidad a quienes la consumen de tener la sensación de estar saboreando los ingredientes originales, pero de una forma más amigable con el medio ambiente y con ingredientes locales que apoyan la microeconomía de lugar donde se prepare. Podemos mantener una sociedad y estilo de vida haciendo estos cambios ahora que tenemos tiempo y que por convicción cambiamos nuestro estilo de vida, para que en un futuro nuestras próximas generaciones no tengan que cambiar para sobrevivir.

8. Tortitas apocalípticas

Daniel Piña Torres

Ingredientes

Harina de chapulín

50 g de chapulines

50 g de harina de trigo

1 litro de Agua

Tortitas

2 Zanahorias

2 Calabazas

½ Cebolla

2 Huevos

Aceite

Caldillo

1 Jitomate

Chile serrano al gusto

1 litro de Agua

1 diente de Ajo

Sal al gusto

Pimienta al gusto

Preparación

Se colocan los chapulines en el congelador durante una noche entera, dentro de un recipiente cerrado. Pasada la noche se hierven durante media hora. Se retira el agua y se deja a los chapulines en una toalla limpia hasta que se sequen completamente. Una vez secos, se ponen en la licuadora complementando con la harina de trigo hasta que se muelan completamente.

Se lavan y pelan las zanahorias y las calabazas. Una vez limpias se pueden rayar o cortar en trozos. En un recipiente se pone agua abundante a fuego alto y se cuecen las zanahorias y las calabazas durante 15 minutos o hasta que se ablanden. Se coloca aceite en un sartén y se pone a sazonar cebolla previamente picada y los vegetales que se hirvieron para que tomen una consistencia crujiente.

En un recipiente aparte, se mezcla la harina de chapulín, un huevo, la zanahoria y calabaza rallada (si se ha cortado en trozos, se hace un puré aplastándola con un tenedor) y se complementa con un poco de agua hasta tener que se tiene una consistencia parecida a la masa para churros. Si no se consigue la consistencia deseada agregar otro huevo. Se hacen tortitas del tamaño de un puño pequeño y se deja reposar 15 minutos en el refrigerador.

En un sartén se coloca aceite hasta que esté caliente, se vierten las tortitas y asamos por ambos lados hasta que se estén crujientes.

Se ponen a hervir los jitomates y los chiles serranos, se agrega sal y pimienta al gusto junto a un diente de ajo durante 15 minutos o hasta que el jitomate se rompa, se retira el agua y se muele todo en la licuadora. Se coloca la salsa en otro recipiente en la estufa a fuego lento y se mezcla ocasionalmente hasta que hierva.

Finalmente se sirven las tortitas en un plato y se bañan con la salsa.

Una visita inesperada

Hace unas semanas me pasó algo rarísimo, todas las vacaciones nos vamos mi familia y yo a unas cabañas en la pradera y este año no fue la excepción. Recibimos el año 2019 con mucha emoción y hace mucho tiempo que no nos juntabamos todos.

Después de la cena y el abrazo de Año Nuevo todos se fueron a dormir excepto mi hermano mayor y yo. Decidimos salir y explorar la naturaleza de madrugada. Sólo nos llevamos 2 linternas, una botella de agua y un poco de pierna que sobró por si nos daba más hambre (los dos comemos mucho y nos encanta la carne).

Ya adentrados en la pradera y alistandonos para volver a cenar pudimos distinguir una estrella muy brillante en el cielo, mi hermano me dijo que era Venus, pero ésta titilaba bastante y de un segundo para otro su tamaño iba aumentando. Era evidente que se acercaba a nosotros.

Mi hermano y yo estábamos muertos de miedo, era algo totalmente desconocido para nosotros. Estábamos tan asustados que nos abrazamos y comenzamos a rezar. De repente observamos la sombra de una mujer cayendo del cielo, nos preocupamos por la mujer así que corrimos hacia ella.

— ¿Está bien señora? — Pregunté con la voz temblorosa.
— *What year is this?* — Nos respondió en inglés, con apariencia un poco mareada.
— January, 2019 — Respondimos mi hermano y yo al mismo tiempo.
— ¡Oh no, aún hablan español! — cambió de idioma para comunicarse con nosotros.
— ¿Qué le pasó señora? — Le pregunté
— Mi nave del tiempo se averió. Sin querer me quedé dormida sobre toda la consola y no sé qué fue lo que presioné. En un inicio iba a regresar al Cretácico para poder obtener muestras de animales extintos, pero he trabajado tanto y no he dormido casi nada, así que creo que mi cuerpo no resistió más.

Mi hermano y yo nos quedamos helados por varios segundos. ¡Una mujer del futuro! Hay tantas cosas que me encantaría preguntarle. Pero ella interrumpe antes de siquiera poder soltar una palabra.

— ¿Tienen comida y agua? Muero de hambre.
— Tenemos pierna de cerdo, o hay tinga y bistec en chile verde en la casa. Ya se acabaron los tamales y el mole.
— ¡Carne, aún se come carne aquí!
— Es vegana — me susurró mi hermano.
— No, no soy vegana, pero en el año 2910 ya no se come carne. Era un alimento delicioso, dicen los videos que nos dejaron nuestros ancestros, pero estábamos acabando con el planeta y fue necesario un cambio radical. Así que solo tomamos agua de frutas de cultivos sustentables, verduras de policultivos y nuestra deliciosa fuente de proteína en sus más de 1,000 presentaciones.
— ¿Entonces cuál es su fuente de proteína?

En eso, un pequeño chapulín brincó al pasto enfrente de nosotros, la mujer extraña se emocionó y nos explicó que en el futuro los organismos del género *Sphenarium* eran su única fuente de proteína animal. Nos contó que a todos les encantaba y que en el futuro no existía el maltrato animal, los sacrificaban de la manera más humana posible y se le agradece a la naturaleza por todos los recursos que nos brindaban a los humanos, principalmente, amando y protegiendo la biodiversidad. La pobreza se había erradicado y la población humana había reducido sus tasas de crecimiento, nos dejamos de reproducir tanto y ahora los recursos eran más que suficientes y eficientes para todos.

La mujer nos enseñó a preparar los chapulines con su receta favorita, que consignamos aquí.

Estrategias para la reducción de los gases de efecto invernadero

La escasez de agua, la degradación de los suelos y, especialmente, el calentamiento global se han convertido en asuntos críticos que han captado la atención de todo el mundo. La crisis del cambio climático global, provocado por la emisión de los llamados gases de efecto invernadero (GEI), es uno de los mayores retos que enfrenta la humanidad en la actualidad (Petersson *et al.*, 2010), por lo que mientras más pasa el tiempo tenemos que hacer un llamado de atención para generar estrategias en conjunto para reducir las emisiones contaminantes.

Una de las principales causas a la que se le ha atribuido el aumento de los GEI es la sobreproducción y el mal manejo de la ganadería bovina, ya que se ha estimado que este fenómeno aporta sustancialmente cerca del 9.5% de las emisiones antropogénicas de gases de efecto invernadero a nivel global (Steinfield y Gerber, 2010).

Los impactos ambientales negativos de la producción ganadera no se limitan a las emisiones de GEI. Ciertas prácticas ganaderas promueven la degradación de los suelos, la contaminación y el uso excesivo de agua y fomentan el desarrollo de monocultivos (con sus impactos sociales y ambientales) destinados especialmente para alimentación animal (Matthews, 2006).

Una de las propuestas que ha tomado mayor interés a nivel global es el uso de dietas basadas en insectos o entomofagia, pero ¿por qué comer insectos ayudará al planeta? La respuesta es amplia y podríamos escribir páginas y páginas de este debate. De manera general, una de las principales razones es el aumento del crecimiento de la población en el mundo y la creciente demanda de fuentes de proteínas ante la reducción de tierras agrícolas disponibles. Las fuentes de proteínas convencionales pueden ser insuficientes y tendremos que centrarnos en fuentes alternativas (Goodfray *et al.*, 2010).

En comparación con la dieta de alimentos de origen bovino, los insectos son más amigables con el medio ambiente debido a sus menores emisiones de GEI. No son considerados una causa de la contaminación del agua y el uso de la tierra no es sobreexplotado con estos organismos.

Se ha documentado que los insectos muestran una mayor eficiencia de conversión de alimento (es decir, una medida de la eficiencia del animal para convertir la masa de alimento en masa corporal) en comparación con el ganado de mamíferos. Incluso se ha declarado que la conversión alimenticia del chapulín era el doble que la de los pollos, cuatro veces más que en cerdos y más de doce veces más que en el ganado (Van Huis *et al.*, 2013).

En la presente receta se sugiere el uso de las especies del género *Sphenarium*, o también conocidos como chapulines. Otra ventaja de empezar a incluir estos organismos en la dieta convencional, además de la reducción de consumo de carnes rojas y la rica cantidad nutricional que proporciona, es que este grupo es considerado como plaga agrícola. En efecto, causa grandes pérdidas en cultivos de frijol y maíz, sobre todo, así como en pastizales naturales.

En México, es el ortóptero más abundante y representa una distribución geográfica muy amplia que comprende el centro, sur y occidente en estados como Oaxaca, Puebla, Estado de México, Michoacán, Morelos, Tlaxcala, Querétaro y Guanajuato (Garza, 2011).

La mayoría de los sitios en dónde se encuentra esta especie presentan un índice de desnutrición alto (Cuevas-Nasu *et al.*, 2014), por lo que si se llega a industrializar traería consigo un beneficio monetario, promoviendo la generación de una fuente potencial de trabajo para mejorar la calidad de vida de las comunidades rurales.

Así que ya sabes, si quieres contribuir en un mundo más amigable con el ambiente y sustentable, ayudar a la generación de empleos en zonas marginadas y llenar tu panza con una comida deliciosa, no lo pienses más y comparte esta receta y estos datos con todos tus familiares, amigos, amigas, conocidos y desconocidos.

9. Hamburguesa con pan de chapulines

Itzel Aislinn Aguirre Pérez, Karina Alejandra Cabrera Cuamba,
Jaritzi García García y Bruno A. Ibarra Otero

Ingredientes

Pan

100 g de harina de avena

100 g de harina blanca

50 g de chapulines molidos

120 ml de leche

4 g de levadura seca de panadería

1 huevo mediano

5 g de piloncillo

Aceite de oliva

Ajonjolí

Camote horneado

1 camote

1/4 cucharada de pimienta

Sal al gusto

Aceite de oliva

Catsup casera

6 Jitomates

1/4 cucharada de cebolla en polvo

1 cucharadas de miel o piloncillo

1/4 cucharada de canela

1 cucharada de clavo

Tortita

1/4 de cebolla blanca

1/2 ramita de cilantro

1/2 cucharada de orégano seco

1/4 cucharada de pimienta

1/4 cucharada de comino

1 taza de amaranto

1 taza de frijoles refritos

2 tazas de lentejas cocidas

Sal al gusto

Complementos

Queso Oaxaca

Lechuga

Rebanadas de jitomate

Aguacate

Chile serrano al gusto

Cátsup casera

Preparación

Pan

En un recipiente se mezcla la harina blanca, la harina de avena, los chapulines previamente molidos, la sal, el piloncillo y la levadura. Después se añaden el huevo y la leche mientras se mezcla. Cuando la mezcla ya esté homogénea se forma una bola lisa, se barniza con aceite de oliva y se cubre para dejarla reposar durante una hora. Luego se coloca la masa sobre una superficie ligeramente enharinada y con las yemas de los dedos se presiona para sacar un poco el aire y nuevamente dejar reposar media hora.

La masa se divide en partes iguales y se le da forma de panecillo a cada pedazo, colocándolos sobre una charola de horno y se esperan 30 minutos. Se barniza cada panecillo con aceite de oliva por la parte superior para evitar que se quemen. En seguida se espolvorea y se presiona el ajonjolí sobre el pan.

Se precalienta el horno a 180° y se hornea durante 15 minutos, o hasta que los panes de hamburguesa adquieran un ligero tono dorado.

Camote horneado

El camote crudo se pela y se corta en tiras pequeñas. Se colocan en una charola para hornear y se le añade pimienta, sal y aceite de oliva. Por último, se precalienta el horno a 180 °C y se hornean las tiras durante aproximadamente 15 minutos.

Cátsup casera

Los jitomates se cocen y se pelan para obtener la pulpa, luego se licuan. En una olla se coloca la mezcla y se agrega la cebolla, la miel, la canela y el clavo y a fuego lento se calienta por aproximadamente media hora o hasta conseguir una mezcla espesa.

Proteína vegetal

En un recipiente se agrega la cebolla blanca, el cilantro, el orégano seco, la pimienta, el comino, las lentejas previamente cocidas, los frijoles refritos y el amaranto. Luego se machaca hasta lograr una mezcla con una consistencia pastosa para formar tortitas. Después se pueden asar las tortitas en el horno durante 30 minutos o freír en un sartén de teflón con muy poco aceite, volteándolos cada 5 minutos.

Emplatado

Finalmente, se debe colocar dentro del pan la proteína vegetal, el queso oaxaca, la lechuga, el jitomate, el aguacate, el chile serrano y la cátsup casera. Se puede acompañar con camote horneado.

De cazadores a consumidores inconscientes

Cocinar surgió hace aproximadamente 1.9 millones de años y es una habilidad exclusiva de humanos presente en todas las culturas (Wrangham *et al.*, 1999; Wrangham *et al.*, 2003). Esta práctica ha sido primordial para el desarrollo de la especie, ya que, al cocer los alimentos evitamos el consumo de parásitos y patógenos que pudieran amenazar nuestra vida (Trout *et al.*, 1993; Carmody y Wrangham, 2009). Además facilita la digestión, ya que no es necesario masticar comida cruda durante horas, permitiéndonos adquirir más energía en menos tiempo (Wrangham *et al.*, 1999). A través de generaciones, estas ventajas promovieron cambios físicos que facilitaron el desarrollo de órganos que requieren mucha energía; es claro si comparas nuestra dentadura, tracto digestivo y cerebro con nuestros parientes más cercanos, los bonobos y los chimpancés (Wrangham *et al.*, 1999; Wrangham *et al.*, 2003; King *et al.*, 2008).

Con el tiempo, en todo el mundo diferentes tribus de cazadores recolectores comenzaron a seleccionar plantas y animales con características benéficas para humanos, dando inicio a la domesticación, la cual probablemente surgió hace 13,000 años (Smith, 1998; Acquaah, 2009). Gracias a que pudieron asegurar su alimento, estas tribus lograron aumentar su población, permitiendo la división de labores y el establecimiento de sociedades y civilizaciones, que finalmente han y siguen generado avances tecnológicos que facilitan la vida humana (Diamond, 1998). Esta transición de cazadores recolectores a agricultores sedentarios es sin duda el cambio más drástico en la historia de la humanidad (VIB, 2016).

Actualmente, el desarrollo tecnológico y la domesticación han permitido que la agricultura sea más eficiente, gracias a mejoras en irrigación, maquinaria, fertilizantes y pesticidas y al desarrollo de semillas con un mayor rendimiento y calidad nutricional y selección de animales con mejores características (Diamond, 1998, 2002). Gracias a ello surgió la agricultura convencional contemporánea, enfocada principalmente en maximizar la producción de alimentos que ha proporcionado recursos suficientes para que la población humana crezca a un nivel y ritmo sin precedentes históricos (De Ponti *et al.*, 2012; Meyer, 2014; Crist *et al.*, 2017). Este crecimiento poblacional implica procesos de expansión y urbanización, que a su vez, incrementan la demanda de alimentos y recursos naturales (Garnett, 2014).

En este sentido, es inevitable que las actividades agrícolas causen daños ambientales, tanto a escala local (erosión, pérdida de nutrientes en el suelo y pérdida de biodiversidad), como a escala regional (contaminación de cuerpos de agua) (Matson *et al.*, 1997; Chassy, 2007). Por ejemplo, la ganadería ocupa aproximadamente el 80% de tierras agrícolas y es una de las actividades que más contaminan el agua, aire y suelo, ya que se utilizan 1695 litros de agua para producir 100 g carne (Organización de las Naciones Unidas, 2018).

A pesar de que la agricultura puede ser sumamente productiva, capaz de generar comida para el planeta entero, los alimentos no están distribuidos equitativamente (Barrett, 2010). Por ejemplo, en algunas partes del mundo existen «desiertos de comida», zonas donde no es posible acceder a alimentos de ningún tipo y es necesario desplazarse para conseguirlos (Osorio *et al.*, 2013). En el caso opuesto, los «pantanos de comida» son sitios con exceso de alimentos de mala calidad y con un valor nutricional escaso o nulo, existen por ejemplo establecimientos de comidas y bebidas rápidas (Martínez y Martínez, 2011). Ambos escenarios pueden promover enfermedades nutricionales (malnutrición) que influyen en la calidad de vida de las personas (Martínez y Martínez, 2011; Fanzo, 2015).

Cuadro 1. Componentes básicos de la seguridad alimentaria a nivel individual, hogar, nacional y global. Fuente: FAO (2011).

Componente	Definición	Ejemplo
1. Disponibilidad	De alimentos a nivel local y nacional.	Producción e importaciones.
2. Acceso y control	Sobre medios de producción.	Acceso a insumos, a conocimiento y a tecnología.
3. Utilización biológica	Uso individual de alimentos.	Alimentación saludable.
4. Estabilidad	Respuesta a la inseguridad alimentaria.	Campañas agrícolas

Por todo lo anterior, ha surgido el concepto de la Seguridad Alimentaria el cual hace referencia a que "todas las personas en todo momento tienen acceso físico, social y económico a comida suficiente, inocua y nutritiva que cumpla con sus necesidades dietéticas y preferencias alimentarias para llevar una vida activa y saludable" (Cuadro 1; FAO, 1996, 2011). Para garantizarla mundialmente y reducir el costo ambiental, es necesario reestructurar el modelo agrícola mediante una producción sustentable, combinando lo mejor de la agricultura convencional con los conocimientos de agroecología, incluyendo el uso de nuevas tecnologías como semillas modificadas genéticamente (Cuadro 2; Paarlberg, 2010; Godfray y Garnett, 2014; Ingram *et al.*, 2016; VIB, 2016). De este modo, la relación entre la calidad de vida con el medio ambiente se vuelve más estrecha y asegura la conservación de los recursos naturales y la biodiversidad (Provencio, 2003).

Cuadro 2. Herramientas para una agricultura sustentable.

Agroecología

Es la aplicación de métodos ecológicos en la agricultura (Wezel *et al.*, 2009) que busca mejorar el uso y reciclaje de los nutrientes y la energía del cultivo utilizando técnicas más amigables con el ambiente (Por ejemplo, fertilizantes y pesticidas de origen natural) que las utilizadas en la agricultura tradicional (Tomich *et al.*; Vandermeer *et al.*, 2009; McKay, 2012).

Mejoramiento de plantas

Cambiar las características de una planta no es nada nuevo. Desde el momento en el que los humanos sacaron las plantas de su ecosistema natural y las plantaron en un campo, se hizo la primera selección de plantas, lo cual, nos llevó a la agricultura moderna que utilizamos hoy en día (VIB, 2016). Existen diversas maneras de mejorar a una planta y algunas de ellas son:

Selección

Se elige una planta con características deseables (p. ej. resistencia a una enfermedad) y se cruza con otra que no la tiene, sin dañar la planta; en términos generales, se basa en la reproducción sexual selectiva de la planta (VIB, 2016).

Hibridación

Es la cruza de 2 plantas de razas puras que tienen características diferentes, de este modo la planta que nace de su cruzamiento (híbrido) será la combinación perfecta de ambas razas (p. ej. altura alta y altura baja es igual una planta medina). (VIB, 2016).

Selección con marcadores

Se detectan fragmentos de ADN específicos (también llamado "marcador") que dan un rasgo (p. ej., resistencia a la enfermedad), así, podemos detectar resistencia a enfermedades en una planta joven, sin tener que infectarla (VIB, 2016). Esto ahorrará tiempo, recursos y energía y hace más específica y eficaz la selección de características deseables (Gupta y Varshney, 2000; VIB, 2016).

Mutagénesis

Es un cambio heredable en el ADN provocado por radiación o químicos que producen mutaciones (Pathirana, 2011; VIB, 2016). La desventaja de este método es que la mutación no es específica y esto da la posibilidad de conseguir características inesperadas (VIB, 2016).

Cuadro 2. (continuación)

Injertos	*CRISPR/Cas*
Técnica donde se utiliza el tallo de una especie o variedad y se coloca sobre la raíz de otra (Rivero *et al.*, 2014; VIB, 2016).	Es una herramienta que edita el ADN de un organismo con ayuda de una proteína (Cas9) que puede desactivar, reemplazar o insertar genes específicos de otro organismo (Guerrini *et al.*, 2017).

Modificación genética

Con esta técnica es posible insertar uno o más rasgos a cierta planta sin necesidad de cruzarlas, utilizando ingeniería genética (VIB, 2016). Existen tres tipos de herramientas que entran dentro de esta definición:

Cisgénesis e intragénesis	*Transgénesis*
Ambas se basan en la introducción de ADN de una planta a otra de la misma especie o de especies cercanas (Holme et al., 2013). En la cisgénesis se introducen genes aislados sin modificar mientras que en la intragénesis si se modifican los genes (Jochemsen y Schouten, 2000; Rommens, 2004; Schouten *et al.*, 2006a,b; VIB, 2016,)	Se transfieren genes de un organismo (p. ej. virus, bacteria, animal, planta) a otro sin importar que sean de diferentes especies (Paarlberg, 2010; VIB, 2016). Puede aumentar la producción (frutos más grandes), reducir el uso de pesticidas y fertilizantes (producción de su propio insecticida o fertilizante), mejorar la salud de la planta (resistencia a climas extremos), su calidad (producir más nutrientes) y su almacenamiento y comercio (tener más vida de anaquel) (McDonald, 2010; Brookes y Barfoot, 2016).

Un ejemplo reciente de ello es *Imposible Foods*, una empresa emergente estadounidense, cuyo objetivo es producir alimentos hechos con plantas que parecen y saben a carne animal. Actualmente están desarrollando tocino, salchichas, queso y atún. Sin embargo, la *Imposible Burger*, una imitación carne de hamburguesa, ya se puede adquirir. Esta imitación de carne es libre de hormonas y antibióticos además de que su producción utiliza 95% menos tierra, 74% menos agua y genera 87% menos emisiones de gases que la carne vacuna. Esto se logró gracias a la modificación genética, ya que permitió generar una variedad de plantas capaces de producir las proteínas responsables del sabor y apariencia de la carne vacuna, lo cual sin duda es una innovación útil tanto para la ciencia como para la agricultura y la cocina (Rey Huerga, 2018).

La cocina ha sido fundamental en nuestra trayectoria evolutiva, permitió a nuestros ancestros adaptarse a nuevos ambientes y cambiar su estructura social (Wrangham *et al.*, 2003). Sabemos que uno de los cambios más drásticos se dio gracias a la domesticación, y fue tan importante que en la actualidad el 88% de las personas hablan algún idioma derivado de los centros de domesticación (Diamond, 2002). Si bien es interesante hablar de la historia de nuestra transición de cazadores recolectores a consumidores inconscientes, también es importante reconocer los errores que se cometieron en ella, para tratar de enmendarlos. En este sentido, consideramos que la producción excesiva de comida rápida y su fácil acceso es uno de los principales retos para la seguridad alimentaria. Por lo cual, sugerimos una nueva receta con ingredientes de alto nivel nutricional y fácil de preparar. Si bien, una receta no es la solución, es una iniciativa tangible a corto plazo que en conjunto con la reorganización de la producción agrícola, mejoraría la calidad de vida global.

10. Popotocas al gasparito

Edison Armando Díaz Álvarez

Ingredientes para 4 comensales

5 flores o montoncitos de gasparitos (Erythrina americana)

10 larvas de popotocas

2 dientes de ajo

1 cebolla roja

2 jitomates medianos

1 Chile jalapeño

2 cucharadas de aceite vegetal

Sal al gusto

Preparación

La preparación de este platillo se lleva a cabo en tres simples pasos:

En primer lugar, comenzaremos por las popotocas. Dependiendo su origen pueden o no estar vivas, pero para los fines de este libro asumiremos que ya están listas para cocinar. En este caso las popotocas se ponen sobre un comal que haya estado calentándose a fuego medio durante unos minutos, una vez en el comal se deben mover (rodar) constantemente para asegurar una cocción uniforme, que toma alrededor de 20 minutos.

Mientras las popotocas dan vueltas en el comal, preparemos los gasparitos. Primero se deben eliminar las partes internas de la flor, ya que desprenden un sabor amargo. Una vez sin estas partes, lavar en agua con un poco de desinfectante para verduras, siguiendo el procedimiento que normalmente se usa con las verduras. Después de esto, se ponen a hervir en una olla con agua y tantita sal, lo que no toma más de 10 minutos, durante este proceso las flores cambian del típico color escarlata a un color marrón. Después de hervir se retira el agua y se dejan a la espera del siguiente paso.

Mientras los gasparitos esperan y sin olvidar mover las popotocas, se prepara un guiso, pelando muy bien los dientes de ajo y machacándolos, picando finamente la cebolla y el jitomate; el chile puede ir picado un poco más grueso dependiendo del gusto. Se calienta el aceite en un sartén por un par de minutos, se deja a fuego medio y se agrega el ajo hasta que se dore, luego se agrega el jitomate con la cebolla y el chile, se fríen por unos minutos hasta que se aprecia el típico guisito, luego se agregan los gasparitos y se va revolviendo poco a poco. No se debe olvidar agregar sal al gusto.

El paso final de la preparación consiste en servir las popotocas en un plato y sobre ellas agregar el guisito de los gasparitos en abundancia. Desde luego que todo esto acompañado con unas buenas tortillas hechas al comal. Al final es solo cuestión de disfrutar de las diferentes sensaciones que produce este particular platillo.

De gasparitos, popotocas y cómo salvar al mundo comiéndoselos

Cuando vas recorriendo las Sierras de Veracruz por los cientos de carreteras y sobre todo por los pequeños caminos y por un momento fijas tu mirada a un costado se puede notar a algunas personas con sus garrochas o incluso trepadas en unos palos, tratando de cosechar unas flores rojas escarlata muy brillantes, formadas por unos como dedos largos, delgados y estilizados y que, a decir verdad, son muy difíciles de ignorar. Estas flores que crecen sobre un árbol desnudo y como muerto, se meten en canastas y son transportadas a los diferentes mercados de los pueblos cercanos para venderlas enteras o por montoncitos de estos "como dedos largos" rojos, tal es el caso de Xalapa (Ordóñez y Tejada, 1982).

Estas son las flores de un árbol que crece naturalmente en una amplia porción del este de México, el sudeste de Estados Unidos y en parte de Centro América (CONABIO, 2019). Sin embargo, se puede encontrar en muchas partes del centro de México como planta ornamental en caminos, casas, calles y parques de los pueblos y ciudades (Rzedowski y Rzedowski, 2005). A primera y hasta a segunda vista pocas personas consideraríamos llevar las flores de esta planta a la mesa como parte de un platillo, pero en Veracruz y en muchos lugares hacia el sur es bastante común. Reciben varios nombres comunes incluyendo: gasparitos, pichocos, machetitos, gasparines, flor del colorín, esquimites, entre otros. ¡Claro está el nombre depende de la región e incluso de la persona a la que se le pregunte (Ordóñez y Tejada, 1982)!

El árbol en cuestión pertenece a la familia de los fríjoles es decir la Fabaceae, cuya especie *Erythrina americana* (Mill) crece desde los 1100 hasta los 1900 metros sobre el nivel del mar y puede alcanzar los 9 metros de altura (Ordóñez y Tejada, 1982; CONABIO, 2019). Se encuentra en ecosistemas tan variados como la selva baja, el bosque mesófilo, el matorral xerófilo e incluso la misma ciudad (CONABIO, 2019). Debido a su rápido crecimiento y aclimatación *E. americana* ha sido ampliamente usada como cerca viva, en algunas partes es usada como tutor o guía para el crecimiento de la orquídea de la cual se extrae la vainilla y que es muy famosa en esta zona (Ordóñez y Tejada, 1982). El género *Erythrina* al que pertenecen los gasparitos y cuyo nombre en griego alude al color rojo de las flores, está compuesto por unas 115 especies de árboles en el hemisferio norte y sur, muchos de ellos denominados colorines. Estas especies tienen el potencial de ser usadas para el consumo de sus flores, tal es el caso de *E. coralloides* y *E. herbácea* dos especies con flores muy parecidas a *E. america* que potencialmente pueden ser usadas para consumo (Rzedowski y Rzedowski, 2005). La popularización del consumo de las flores de estos árboles puede suponer el aumento de la siembra de los mismo, con beneficios para el ambiente que serán nombrados más adelante.

Si continúas recorriendo la Sierra y pasas por la zona de Córdoba y Orizaba muy cerca del Volcán Citlaltépetl o Pico de Orizaba y te desvías al sur, después de una hora y media por una carretera sinuosa con muchos paisajes naturales llegas a Zongolica, un pequeño pueblo rodeado de bosques y montañas en donde los indígenas ocasionalmente comen el llamado gusano de popotoca, que es la larva de un grupo de al menos 6 especies de polillas que viven en diferentes especies de arboles del bosque mesófilo de montaña. De hecho, las popotocas están siendo estudiadas en esta región por los profesores David Jimeno Sevilla y Andrea Elizondo del Instituto Tecnológico de Zongolica, Veracruz para convertir su consumo en una alternativa sostenible en pro de aumentar la ingesta proteica de los habitantes de esta zona.

La humanidad ha consumido insectos y sus larvas durante toda su historia, esto debido a su alto contenido proteico y a su relativamente fácil obtención. Un ejemplo de entomofagia es decir la ingesta de insectos, está bien ilustrado en México, en donde los insectos han sido parte de la gastronomía desde tiempos inmemoriales. Sin embargo, debido a diferentes factores culturales y sociales, a la llamada «modernidad», en la actualidad su consumo es poco popular principalmente para las sociedades occidentales (Taylor, 1975; Ramos-Elorduy *et al.*, 1997; DeFoliart, 1999; Ghaly, 2009; Durts *et al.*, 2010; Acuña *et al.*, 2011; van Huis *et al.*, 2013).

En términos ambientales, se debe resaltar el hecho que reemplazar el consumo de carnes tradicionales, como la de res, por la ingesta de insectos, puede disminuir significativamente el efecto sobre diferentes ecosistemas, ya que para la ganadería se usa el 70% de la tierra destinada a la producción de alimentos en el mundo. Lo preocupante es que el consumo de carne de res ha aumentado año con año y con ello las hectáreas necesarias para su producción (Collavo *et al.*, 2005; van Huis *et al.*, 2013). Por el contrario, la producción de insectos como las popotocas requiere de un espacio considerablemente menor para obtener la misma cantidad de proteína de una res (Collavo *et al.*, 2005; Makkar *et al.*, 2014). Por otra parte, a diferencia de lo que ocurre en la ganadería, para la cría de popotocas se debe sembrar la mayor cantidad de arboles posible, lo que resulta en varios beneficios ambientales secundarios, como el restablecimiento de algunos servicios ecosistémicos, incluyendo la captura de carbono, la protección del suelo y captación de agua, también proveer hábitat para diferentes especies de animales y plantas, entre otros. Además, se puede optar por la obtención de otros productos, como miel, madera y plantas para ornato (Porter *et al.*, 2009; van Huis *et al.*, 2013; Sandifer *et al.*, 2015). En conclusión, la ingesta de este tipo de alimentos puede ser considerada como una alternativa viable para mitigar y quizá en parte revertir un poco los efectos del cambio global.

11. Tostadas trifásicas

Alejandra Andrade Campos, Beatriz Adriana Cancio Coyac,
Carmen Elvia Díaz Trasviña, María del Pilar Mota Velasco y
Fernando Aldair Valencia Vázquez

Ingredientes

½ pollo (con todo y huacalito)

4 zanahorias

¼ kg de setas

9 jitomates

8 cebollas (del tamaño del puño)

3 dientes de ajo

1 naranja

1 kg de masa para tortillas

1 ½ taza de amaranto

1 lata de chipotle

Sal al gusto

Preparación
Tostadas

En un rincón de tu mesa pon la masa y agrega dos tazas de caldo de pollo, una
pizca de sal y amaranto, mezcla los ingredientes para que se pueda amasar, si tus
manos comienzan a sentir grietas en la masa agrega más caldo de pollo a chorros
pequeños; debe quedar una consistencia que no se pegue en las manos y lo
suficientemente suave.

Para que tus tostadas queden crujientes, debes poner a fuego ardiente
un comal, mientras éste se calienta haz pequeñas tortillas con la masa, que no
sean más grandes que la palma de tu mano y que sean sutilmente delgadas cual

pétalo de rosas , después, échalas en el comal caliente hasta que se doren, recuerda voltearlas antes de que se te tiznen.

Tingas

Pon a cocer el pollo en 2 litros de agua con media cebolla y un diente de ajo, déjalo cocinar hasta que el pollo esté suave, cuando lo puedas tocar sin quemarte deshebra el pollo y resérvalo junto con el caldo para después.

Con mucha calma y delicadeza deshebra las setas crudas y ralla las zanahorias, pica la cebolla en rodajas sin llorar y guarda todo para después.

Licua o muele los jitomates con un poco del caldo que reservaste, acompañado de una cebolla blanca como la pureza, un gran diente de ajo y chiles chipotles según aguantes. Divide y vencerás, así que reparte el cadillo en 3 para que puedas sazonar con esto las tingas.

La cebolla que te hizo llorar, por ser grosera, dividela en tres partes, colócala en tus mejores tres ollas de barro pa' que le de sabor, como decía mi abuelita, y friela con un chorrito de aceite para que le de color.

La de Zanahoria — Con el primer tercio de la cebolla ya acitronada echale la zanahoria rallada a fuego alto pero no tanto para que no se te queme y déjala cocer durante 5 minutos mientras cantas dos canciones, para que no se te pegue revuélvela constantemente.

Vierte una de tus tres reservas del caldillo de jitomate y déjalo hervir, al finalizar y para darle un toque dulce, agrega el jugo de media naranja.

La de Setas — Al segundo tercio de la cebolla ya acitronada agrega las setas a fuego medio con un chorrito de aceite y déjalas cocer durante 10 minutos revolviendo constantemente.

Echa otro tercio del caldillo (ya solo te sobra uno), dejándolo hasta que burbujee, al final para que le de sabor y amor ponle el jugo de media naranja.

La de Pollo — Con tu último tercio de cebolla ya acitronada agrega el pollo deshebrado a fuego medio y deja que se mezcle para que agarre el sabor de la cebolla, echate otras dos canciones sin dejar de revolver y vierte tu última reserva de caldillo y déjalo hasta que quede chinito.

Sugerencia

Un consejo para que utilices el triunfo de tu última guerra (el caldillo de jitomate), debes considerar que tan caldosas quieres tus tingas, por ejemplo, si no quieres que tu tinga de zanahoria quede seca no la dejes tanto tiempo en el fuego; si quisieras que tu tinga de pollo no quede tan aguada, pon menos triunfo o que burbujee más tiempo; las setas son bien aguadas, así que no le eches más del caldillo del que le corresponde y deja que se ponga chinito (es cuando comienza a burbujear) un buen rato.

Pa' servir

Toma una de tus deliciosas y crujientes tostadas y agrega la tinga de tu preferencia y si te la quieres sabrosear mejor puedes agregar crema, queso y salsa.

Si las tostadas hablaran ¿qué historias contarían?
Sus orígenes

La comida mexicana es una de las más versátiles en el mundo entero y sus platillos representan gran parte de lo que somos como mexicanos. Nuestra gastronomía tiene como ingrediente principal al maíz. De ahí el dicho popular «sin maíz no hay país».

Uno de tantos platillos que son hechos a base de maíz son las tostadas de tinga, las cuales son consideradas como un platillo típico de la cocina mexicana y provienen del estado de Puebla; de hecho, la primera mención documentada de la receta se encuentra en el libro La cocinera Poblana, publicado en 1881 (Larousse cocina, sin fecha).

Según, las tostadas, que son la base de la receta, son de origen prehispánico y el modo de preparación de éstas no era muy diferente al actual: colocaban las tortillas en el fogón hasta obtener una consistencia crocante; éste era un platillo muy gustado entre la gente que pertenecía a la clase media baja. Cualquier familia tenía en su casa, frijoles y chiles, con los que acompañaban a las tostadas. Luego de que llegaran los españoles, la mezcla de ambas culturas evolucionó la receta y la tortilla se freía con manteca de cerdo, además de que se integraron ingredientes como la pata de cerdo, el pollo, la crema y el queso, para darle forma a las tradicionales recetas que conocemos hoy en día (Mora, 2017).

Implicaciones y posibles impactos ambientales de los ingredientes

En esta sección presentaremos los impactos ambientales que tienen los ingredientes de nuestras tostadas trifásicas. En específico, las emisiones de gases de efecto invernadero. Estos impactos son importantes en el contexto del cambio climático, el cual es «el mayor desafío de nuestro tiempo ... desde pautas meteorológicas cambiantes, que amenazan la producción de alimentos, hasta el aumento del nivel del mar, que incrementa el riesgo de inundaciones catastróficas, los efectos del Cambio Climático son de alcance mundial y de una escala sin precedentes.» (ONU, 2019). ¿Qué medidas tomaremos para evitar o adaptarnos a los efectos del cambio climático? El papel de nuestra comida es central, porque todos necesitamos comer para vivir y porque esa comida se encuentra seriamente amenazada ante tales efectos, además de ser un punto de encuentro de factores culturales, sociales y económicos que también explicamos para aquellos ingredientes sobre los cuales no se ha investigado lo suficiente sobre sus emisiones de gases de efecto invernadero.

La naranja

Existen diversas especies de naranja de las cuales, dos son las más cultivadas en México naranja agria (*Citrus aurantium* L.) y naranja valencia (*Citrus sinensis L. Osbeck*) ambas se cultivan en sistemas agroforestales (Beer *et al.*, 2003) son pedazos de tierra que son aprovechados para producir algún cultivo tratando de mantener sus propiedades y especies nativas), principalmente huertos familiares, presentes en Campeche, Yucatán, Tlaxcala, Quintana Roo, entre otros estados (Cahuich-Campos, 2012; Kantún-Balam, 2013; Pérez, 2014). Por otro lado la más comercializada es la naranja valencia (*Citrus sinensis*),de la cual los mayores productores son Baja California, Nuevo León, Sonora, Veracruz y Yucatán (Servicio de Información Agroalimentaria y Pesquera, 2018). Este cítrico es un agente importante para la generación de empleos y por ello tiene un peso en la economía mexicana, pues tan solo en 2018 representó un 1.15% del Producto Interno Bruto Nacional, la producción en México satisface al 100% la demanda nacional y del total de su producción se exporta el 1.21%, de marzo a mayo es cuando es mayor el flujo de exportaciones (SAGARPA, 2018).

La naranja no solo tiene un impacto en la economía, sino que también en el ambiente pues puede tener emisiones de acuerdo a su modo de producción. Por ejemplo , se hizo un estudio sobre las emisiones por producción de alimentos, donde consideran las emisiones de CO_2eq por el uso del transporte, la electricidad y fertilizantes necesarios para la producción de algunos alimentos, en el caso de la naranja se emiten 1.18 Kg de CO_2eq, aunque este estudio se hizo en Argentina se puede tomar como referencia (González y Carlsson-Kanyama, 2008).

Por otro lado también tienen un potencial de captura de carbono, pues como estimaron Matos y colaboradores (2018), lo capturado en carbono en el arbolado urbano en Guantánamo, Cuba, en 33 árboles de naranja fue de 716.44 toneladas de Carbono (Ordóñez y Masera, 2001). La captura de carbono es la capacidad que tienen las plantas para contener CO_2 en su estructura, ya que mediante la fotosíntesis fijan esté compuesto por un periodo largo de tiempo o hasta que esta sea procesada.

El maíz

Zea mays L., es el nombre del maíz que se comercia en México. Usualmente en México se cultiva maíz amarillo y blanco, del cual el blanco es el que más se produce, ya que es el más consumido, mientras que el amarillo normalmente es usado para la preparación de alimentos procesados o bien para alimentar a gando. Se ha de destacar que el maíz es nativo y fue domesticado en México, es por ello que tiene un gran peso cultural y nutrimental, pues de acuerdo con la Agencia de Servicios a la Comercialización y Desarrollo de Mercados Agropecuarios (2018) se encuentra presente en la dieta básica de cualquier mexicano, además tiene gran importancia en la economía, pues en el periodo 2017-2018 se produjeron 27.8 millones de toneladas; todo este maíz se cultiva en todo el país pero el principal productor es Sinaloa, esto hace que nos perfilemos en el 8° lugar en la producción mundial, aunque esto no cubre la demanda nacional, por lo que somos el 1° lugar en importadores de maíz (ASERCA, 2018).

Además de su importancia económica y cultural, el maíz amarillo nativo tiene un potencial de captura de 34.37 toneladas de CO_2 eq/ha, es de considerar que dependiendo del lugar donde se cultive es el potencial de retención de carbono que tendrá el maíz (Marcos Solorio *et al.* 2016).

La cebolla

La cebolla (*Allium cepa L.*) es una de las hortalizas más importantes para la alimentación en México; es por esta razón que tiene una producción mundial significativa (Valencia y Zetina, 2017). En el país, Baja California encabeza el cultivo de cebolla por el valor que genera su venta, hasta 2017 reportó un incremento económico de mil 850 millones de pesos (Servicio de Información Agroalimentaria y Pesquera, 2018), aunque los demás estados no se quedan atrás, en orden de mayor producción se encuentra Chihuahua como el principal productor, Guanajuato, Zacatecas, Tamaulipas, Michoacán, Baja California, Puebla, San Luis Potosí, Morelos y Sonora. Además es una hortaliza que se consume durante todo el año, pero la mayor producción se da en los meses de marzo (9%), abril (9%), mayo (10%), agosto (11%) y septiembre (9%). Sin embargo en los meses restantes tiene una baja en su producción (5 al 8 %; Servicio de Información Agroalimentaria y Pesquera, 2018). Para este cultivo no se han reportado emisiones específicas por su producción, sin embargo, es importante para la gastronomía nacional al estar presente en la mayoría de nuestros platillos.

El amaranto

El amaranto, palabra que proviene del griego y significa: "la que no se marchita, la imperecedera" (Martínez, 2016) , ha ido cobrando importancia en la dinámica alimentaria mundial; sin embargo, sus antecedentes de cultivo son sumamente antiguos por su origen y uso. El amaranto puede ser considerado un cultivo nativo de Mesoamérica cultivado 5000 años A.C. (Martínez, 2016). En México era considerado un cereal con un alto significado social, religioso y económico antes de la Conquista y era valorado de la misma forma que el cultivo del maíz y el frijol (Martínez, 2016).

Hoy en día en México, la obesidad y la desnutrición son un grave problema de salud pública, por lo que el rescate de cultivos nutritivos y versátiles como el amaranto surge como una alternativa para contribuir a mejorar la dieta alimenticia y favorecer la disminución de los problemas de malnutrición (Martínez, 2016), siendo también una excelente alternativa para la agricultura y para subsanar los problemas nutricionales en los países en desarrollo (Mapes, 2010). Desde el punto de vista agronómico, o sea se la producción en beneficio al ser humano; el amaranto es un cultivo que prospera en regiones de baja precipitación donde los cultivos básicos tienen poco éxito. Es un cultivo fácil de establecer y crece vigorosamente, adaptándose a nuevos medios (Martínez, 2016). Al igual que la cebolla, se desconocen las emisiones de Gases de Efecto Invernadero para este cultivo.

Las setas

Los hongos comestibles se conocen desde tiempos remotos como una fuente tradicional de alimento entre diversos pueblos de México (Martinez *et al.*, 2016). Las setas (*Pleurotus ostreatus* (Jacq.) P. Kumm.) tienen un alto valor nutricional, ya que su calidad es muy cercana a la de la proteína de origen animal. Uno de los principales productores es Jalisco ya que es una región con una gran diversidad de hongos (Llaven, 2012), entre ellos las setas. La producción de estos hongos comestibles es una alternativa importante para satisfacer las necesidades alimenticias de la población y tiene un gran potencial para la producción en las zonas marginadas del estado (Albores y Álvarez, 2015). La producción anual estimada de setas en México fue de 356 toneladas en 1990. A a partir de ese año, la producción comercial de setas aumentó notablemente, alcanzando alrededor de 1,825 ton en 1997, lo que representó un incremento del 413%

durante este período, esta tendencia se mantuvo alcanzando una producción nacional estimada de 2,190 ton en el 2005 (Mora y Martinez-Carrera, 2007). Se desconocen impactos registrados para este ingrediente, lo cual es importante en el contexto del aumento de su producción.

El jitomate

En el contexto de la agricultura mexicana, la horticultura, que es la actividad destinada a la producción de hortalizas como brócoli, cebolla, espinaca, ajo, albahaca, etc., es una de las actividades más dinámicas y con mayor capacidad exportadora (Macías, 2009). Durante 2008, las divisas (que son todas aquellas monedas distintas al lugar de origen) obtenidas por exportación de tomate en fresco o refrigerado fue poco más de US$1,203 millones, enviándose 99% del total al mercado estadounidense (Secretaría de Economía, 2009). La producción de jitomate en México creció a una tasa promedio anual de 3.3 por ciento entre 2005 y 2015, para ubicarse en 3.1 millones de toneladas, por otra parte la producción de este cultivo está altamente concentrada en cinco entidades, en las cuales se produjo el 54.1 por ciento del total nacional en 2015: Sinaloa (27.4 por ciento), Michoacán (7.2 por ciento), San Luis Potosí (7.2 por ciento), Baja California (7.1 por ciento) y Jalisco (5.2 por ciento; FIRA, 2016). De acuerdo con un análisis de ciclo de vida (el cual es un método utilizado para evaluar los posibles daños ocasionados al ambiente por un producto o servicio específico) los impactos ocasionados por la producción y el cultivo del jitomate, van desde eutrofización (la cual es la acumulación de nutrientes en un cuerpo de agua que impulsan el crecimiento de algas acuáticas, las cuales limitan el oxígeno disponible en el agua y por lo tanto la vida acuática) y contaminación de cuerpos de agua por el uso de agroquímicos (León, 2009).

Cuadro 1. *Emisiones globales por producto y estimación de emisiones por especie. Fuente: GLEAM- FAO (2019).*

Ganado	Producto	Emisiones promedio (Kg $CO_{2\text{-}eq}$/Kg producto)	Emisiones globales por especie (10^9 Kg $CO_{2\text{-}eq}$)
Vacuno	Carne	295	5024
	Leche	87	
Pequeños rumiantes	Carne	201	596
	Leche	148	
Búfalo	Carne	404	766
	Leche	140	
Cerdo	Carne	55	819
Pollo	Carne	35	790
	Huevos	31	

El Pollo

El pollo es uno de los ingredientes predilectos en la mesa mexicana. De los 65 Kg anuales que consumimos de carnes casi la mitad es pollo (27 kilogramos) (Iruegas, 2011; UNAM-DGCS, 2017). Uno de los factores que promueven su consumo es su precio, pues es más barato que el cerdo y la res (UNAM-DGCS, 2017). Según información del Instituto Latinoamericano del Pollo (¡sí, existe!) la avicultura es la segunda fuente de proteína con menos emisiones que aporten al cambio climático, pues para la producción de 1 Kg de pollo se producen 3.5 Kg de CO_2, 12 veces menos que la ganadería, la cual emite 43 Kg de CO_2 en el caso de la res y 51 Kg en el caso del cordero (Instituto Latinoamericano del

Pollo, 2018). Aunque 3.5 kg. de CO_2 puede sonar muy poco, no lo es cuando lo comparas con el total de pollo que producen países que históricamente han impulsado que comamos pollito casi todos los días, como Brasil, Estados Unidos, China o nuestro México, el cual es de 97 802 toneladas. Eso significa 97 802 000 Kg de pollito, y en Kg de CO_2 eso es nada más y nada menos que 342 307 000. Pero, ¿qué significan esos Kg de CO_2? Para darnos una idea, según datos del Modelo de Evaluación Ambiental de la Ganadería Mundial de la Organización de las Naciones Unidas para la Alimentación y la Agricultura (2019), se establecen emisiones de Kg. de $CO_{2\text{-}eq}$ (es decir, no sólo emisiones de CO_2 sino también de otros Gases de Efecto Invernadero como el Metano (CH_4) por Kg de carne, dando un promedio global para la producción 342 Kg de $CO_{2\text{-}eq}$ por Kg de carne de vaca y 35 Kg de $CO_{2\text{-}eq}$ por Kg de carne de pollo. Por otro lado, si hablamos de emisiones globales por especie (incluyendo productos comestibles o otro tipo, como el que se puede obtener con la lana) las emisiones de ganado vacuno representan el 62% de las emisiones de Gases de Efecto Invernadero con respecto a las otras fuentes de producto o proteína. Mira la gran diferencia en el Cuadro 1.

Entonces, ¿te vas convenciendo de comer pollito en lugar de carne de res? ¿Qué pasa en nuestro país? En México, las importaciones de pollo constituyen aproximadamente 18% del consumo nacional aparente. La mitad de estas importaciones la componen piernas y muslos, piezas con poco valor en Estados Unidos y que aquí se destinan a consumo popular a bajo precio. Exacto, acá nos comemos todo, desde los pescuezos hasta las patitas, ¿eso hace nuestro consumo más sustentable? Otra parte importante de las importaciones es la pasta de pollo, que se usa en la industria de embutidos (Iruegas, 2011).

El pollo no sólo tiene impactos ambientales a nivel de emisiones. Los impactos residuales, dicho de otra forma, de la gallinaza (mezcla de heces y orina de gallinas o pollos) también juegan un papel importante en la producción de carne de pollo, por ejemplo, si esos residuos no son tratados de manera correcta y sus componentes principales (nitrógeno, fósforo y azufre) llegan al suelo, por lo que su utilización como fertilizantes orgánicos juega un papel importante para reducir impactos contaminantes (Seclèn, 2017).

Aún nos falta mucho para transitar hacia un sistema alimentario que, al ser sustentable, se base también en principios éticos. Aunque no es el punto central de este trabajo, dejamos para reflexionar reportes populares sobre la "crueldad" con la que se produce el pollo en México y otras partes del mundo.

La zanahoria

La zanahoria (*Daucus carota* L.) es una hortaliza originaria de Asia, que fue traída a nuestro continente por los colonizadores tanto españoles como ingleses, haciéndose rápidamente popular; esta hortaliza ha mostrado un importante crecimiento en nuestro país desde 1975, a tal grado que se han duplicado tanto las áreas sembradas como la producción (Yoldi, 2000).

La producción y el consumo de la zanahoria tuvo un auge en las décadas de 1970 y 1980 cuando su producción se multiplicó, además se considera que el 88% de la producción nacional es consumido por el mercado interno, teniendo gran presencia dentro de las dietas de las familias mexicanas (Yoldi, 2000). Siete estados producen el 67% de la producción en México, Sinaloa está a la cabeza con 19%, siguiéndolo Jalisco abarcando el 10%, sin embargo Guanajuato comercializa a ciudades como Morelia, Guadalajara y Ciudad de México (SAGARPA, 2015).

Para la siembra de zanahoria se tiene que hacer un barbecho (arado de la tierra) de 30 centímetros de profundidad y se fertilizan con NPK (fertilizante sólido de origen químico compuesto por nitrógeno, fósforo y potasio; IICAAF, 2018). Sin embargo en el 2002 se instalaron Subsidios Ambientales que les otorga más dinero a los productores que utilizan agroquímicos más agresivos para el medio ambiente y la salud. Esto no está directamente relacionado con la productividad del cultivo, sino con los impactos ambientales de los fertilizantes utilizados, dígase que a mayor impacto ambiental, más dinero se les otorga para que cambien sus prácticas agrícolas; al cultivo de Zanahoria solo se le otorgan 44 pesos por hectárea, lo que puede interpretarse que los agroquímicos utilizados son pocos y por ello puede tener un bajo impacto en el ambiente, a diferencia de la papa a la cual se le otorgan 10,000 pesos por hectárea (Muñoz, 2005).

El ajo

El ajo (*Allium sativo* L.) es una planta anual con un ciclo de siembra de 200 días, es un bulbo compuesto por varios dientes el cual tiene un olor y sabor fuerte. Comúnmente se utiliza para sazonar o en algunos lugares de México como planta medicinal (Zamora, 2016). En el ciclo agrícola del año 2013 se cosecharon 59 014 toneladas de ajo en México de acuerdo con el plan de desarrollo de mercado en México 2012-2015, con un promedio de 11,1 toneladas por hectárea, dejando grandes ganancias al país con un costo de 100 dólares por tonelada (Plan de Desarrollo de Mercado, sin fecha).

El mayor productor de ajo en México es Zacatecas con una producción de 46 770 toneladas en 2018; sin embargo la mayor parte de este ajo se consumió dentro del mismo país al ser un producto popular entre las familias mexicanas (Montes de Oca, 2018).

El ajo, al ser una hortaliza sensible a la deficiencia y exceso de nutrientes tiene que cultivarse con prácticas sumamente cuidadosas de fertilización, dependiendo del tipo de suelo la fertilización nitrogenada pudiera ser de 120 hasta 240 kg de nitrógeno por hectárea. Mientras que la cantidad de fósforo pudiera ser de 60 a 80 kg por hectárea. (Zamora, 2016). El suelo debe de ablandarse un poco y destruir terrones así como quitar malezas, sin embargo este procesos se tiene que hacer de forma manual al igual que la cosecha del cultivo, para no dañar los bulbos, al no introducir maquinaria pesada al campo se evitan daños ambientales tales como la compactación del suelo y la pérdida del mismo ya sea por deslave o volatilización.

Reflexiones finales

Luego de analizar cada ingrediente por separado es importante destacar que el impacto ambiental de cada uno depende de su modo de producción, ya que aunque todos pueden tener un potencial de captura de carbono el manejo que se le da al cultivo determina cuánto es lo que se está emitiendo, que muchas veces es mucho mayor a lo que podría llegar a capturarse; lo más evidente para esta receta es la comparación de las emisiones de las zanahorias y el pollo, puesto que el pollo tiene más emisiones que las zanahorias, además de que las zanahorias tienen un potencial de captura de carbono. De aquí en adelante, debemos ser más conscientes de lo delicados que son los sistemas alimentarios, pero de la misma manera tener presente que pueden ser una de las soluciones para hacer frente al cambio climático.

12. Taquitos de camarón, el peor enemigo del cambio climático

Rodrigo Burciaga, Pamela Pérez y Valeria Reyes

Ingredientes
Para los tacos...
164 g de camarón pelado, abierto en mariposa y limpio.

2 dientes de ajo, rebanado

6 ctda de aceite de girasol

Chile de árbol al gusto

Y para el ceviche...
50 g de lenteja

½ puño de cilantro

58 g de cebolla bola

60 g jitomate

1 limón

Preparación
La más cálida de las noches, antes de irte a acostar, es el momento perfecto para preparar el ceviche de lenteja que al día siguiente acompañará a esta deliciosa receta.

Para comenzar pon agua a calentar en una olla a fuego medio. Mientras hierve, enjuaga las lentejas y escúrrelas. Ya que veas que se asoman las burbujas, echa las lentejas, ponles una pizca de sal y déjalas cocinarse de 15 a 20 minutos, tiempo perfecto para tomar tu revista favorita y leer un par de artículos. Una vez cocidas ponlas a escurrir, espera que se enfríen y refrigéralas. Ahí deberán aguardar hasta el día siguiente.

Al siguiente día, un poco antes de que tus tripas empiecen a crujir, escoge tu sartén favorito (de preferencia que sea hondo para que puedas saltear tus camarones), ponlo a calentar a fuego medio un par de minutos; vierte el aceite en el sartén y tan solo unos segundos después agrega los dientes de ajo rebanados. Es ahora donde puedes mostrar tus habilidades de chef, comienza a saltearlos. Justo cuando empieces a percibir el rico aroma del ajo, agrega los camarones (no te olvides de limpiarlos antes). Sigue entrenando tus habilidades para saltear hasta que los camarones comiencen a verse de un tono rosado. Una vez listos, espolvorea el chile, tapa muy bien tus camarones y deja que con el vapor «amarre» el saborcito del chile. Mientras tanto, lava y desinfecta el jitomate y el cilantro, pícalos bien finitos, y ¡ahora sí! saca las lentejas que preparaste ayer y revuélvelas con las recién picadas y frescas verduras. Exprime las gotas del jugo de limón y ¡listo! El complemento de tacos está listo, aguanta las ganas de comerlo para ponérselo encima a tus taquitos.

Y por supuesto, una gran receta requiere una gran presentación, así que...

Ten las tortillas bien calientitas y ¡no te avoraces! Haz tus taquitos con una sola tortilla. Reparte los riquísimos camarones entre las cuatro tortillas. ¡Hey, no les metas la mano! Aguarda unos segundos más para deleitarlo. Empalma un taquito con otro, que queden bien formaditos y agrega color con unas cucharadas del ceviche en cada taquito y ¡listo, a probar se ha dicho!

Taquitos de Camarón: ecosistemas, ambiente y buen comer

Los seres humanos obtenemos numerosos beneficios de los sistemas naturales que nos rodean, así como de la biodiversidad que habitan en ellos. Hemos transformado algunos de ellos en sistemas para la producción intensiva, para extraer alimentos y otros recursos. Estas transformaciones disminuyen la capacidad que tienen los ecosistemas para brindarnos otros servicios de los cuales no siempre nos damos cuenta, es decir privilegiamos la obtención de un servicio a costa de otros (Balvanera *et al.*, 2009).

En relación con la producción de alimentos hemos transformado más de 5 mil millones de hectáreas para producir alimento (Wirsenius *et al.*, 2010). Esta transformación involucra remover las especies vegetales del área y cambiarlas por un cultivo, a esto se le conoce como cambio de uso de suelo. Al realizar cambio de uso de suelo se pierden las propiedades y procesos de la cobertura vegetal original. Uno de estos procesos es la captura de dióxido de carbono, el cual ayuda a mitigar el cambio climático. El dióxido de carbono es parte de los gases principales que conforman los gases de efecto invernadero, los cuales intervienen directamente en el cambio climático.

Esta receta de «Taquitos de camarón, el peor enemigo del cambio climático» incluye 9 ingredientes, de los cuales ocho son vegetales y solo uno es animal. Y es el camarón el que contribuye a disminuir los efectos del cambio climático, ya que el manglar, su hábitat, es uno de los principales sumideros de dióxido de carbono, bebido a que la línea costera es donde se da la mayor mineralización y entierro de carbono (Duarte *et al.*, 2004)

El manglar sirve como zona de alimentación y crianza de distintas especies (Constanza, 2006; Giesen, 2007). Además, este tipo de bosque captura 50 veces más dióxido de carbono que cualquier bosque tropical (Alongi, 2012), donde una hectárea de manglar puede capturar 937 toneladas de carbono al año. La Reserva de la Biosfera Marismas Nacionales Nayarit contiene el 20%

(35,904 ha) de los manglares en México y además es la zona de mayor producción de camarón en el país, donde anualmente se extraen 1,157,900 kg con un valor de $335,791,000 pesos mexicanos (SEMARNAT, 2013).

Estaría muy bien que un porcentaje de las ganancias de la industria camaronera se destinara a la conservación del ecosistema, para asegurar la producción de este delicioso crustáceo y la conservación de los manglares para seguir combatiendo el cambio climático.

Respecto a los ingredientes vegetales seleccionados para la elaboración de esta receta, se trata de alimentos que pueden ser cultivados de manera fácil en algún espacio en los hogares de las personas, influyendo de manera directa en la disminución de la demanda de alimentos en los mercados convencionales reduciendo a la par las producciones intensivas de alimentos que llevan al cambio de uso de suelo.

De manera general, la mayoría de las especies vegetales reúnen características que les permite adaptarse a una gran variedad de ambientes y además son compatibles para interactuar entre sí, pues también existe una similitud en los recursos que necesitan para crecer y desarrollarse.

En el caso de la cebolla, esta es una hortaliza con una gran capacidad adaptativa a diversos climas. A pesar de que su óptimo se encuentra en un ambiente con un clima templado, este alimento basa su crecimiento en un suelo adecuado, más que en factores como el clima. Es decir, que el producto crecerá de forma óptima siempre y cuando el suelo cumpla con las características necesarias (Ocampo, 2010). Para cultivar estos vegetales es necesario que el suelo contenga una gran cantidad de materia orgánica, una profundidad considerable y que sea de una textura poco pedregosa. Un suelo con estas características no solo beneficiará el crecimiento de la cebolla, sino el de los otros ingredientes empleados para esta receta. En particular, el cilantro y el ajo necesitan de manera indispensable un suelo rico en materia orgánica y una cantidad de agua apropiada. La planta de jitomate, además de suelo con materia orgánica y suficiente agua, debe recibir radiación solar directa.

Una contribución importante que la sociedad actual puede hacer para mitigar el cambio climático y garantizar la seguridad alimentaria es la propia producción de alimentos en los hogares, a través de pequeños huertos urbanos.

Por si fuera poco, esta receta aporta los nutrientes necesarios y aporta energía suficiente para que nuestro cuerpo lleve a cabo sus funciones metabólicas y fisiológicas de manera adecuada (Organización de las Naciones Unidas para la Alimentación y la Agricultura, sin fecha).

Esta receta es un claro ejemplo de que con alimentos sencillos, de cosecha propia, se puede obtener platillos deliciosos y nutritivos.

13. Atole de bellota con carne seca de venado, acompañado de flor de monte y semilla de salvia

Carolina Gutiérrez S. y Guillermo Castillo

Ingredientes

De la recolección...

500 g bellota de San José de la Zorra, B.C.

2 g semilla salvia blanca del monte

200 g quelites del monte

10 hojas salvia blanca (hoja)

50 ml miel de abeja

De la caza...

250 g de carne de venado (lomo o costilla)

De lo contemporáneo...

100 ml aceite vegetal

1 cebolla blanca

Agua para lavado de las bellotas

Sal al gusto

Complementos...

4 tazas pinole (bebida ya preparada)

80 g trigo tostado molido

20 ml miel

200 ml leche de vaca

Preparación

Es importante señalar que esta receta es una reinterpretación de un platillo llamado _Siñiaw Showi_ (Atole de bellota, en lengua Kumiai) con sus acompañamientos, el cual nos compartieron Rigoberto Aldama y Magdalena López de la comunidad de La Huerta y Beatriz Carrillo de San José de la Zorra, dos comunidades _Kumiai_, la primera ubicada en el Valle de Ojos Negros y la segunda rumbo a Valle de Guadalupe, ambas en Ensenada, Baja California. Es relevante también hacer notar que la elaboración de esta receta considera en conjunto el tiempo de recolección de plantas, caza y preparación, respetando siempre la estacionalidad y disponibilidad de los ingredientes a lo largo del año.

Atole

Para preparar el atole, primero se recolecta la bellota de encino (_Quercus agrifolia_) en la temporada de octubre a noviembre, la cantidad depende de las veces que prepararás la receta durante el año. Doña Beatriz cuenta que en sus tiempos de niñez la recolección "era bastante y se llenaban cestas para todo el año" (Comunicación personal con Beatriz Carrillo, agosto 2017). De hecho, la bellota es considerada como un alimento representativo de los _kumiai_ y otros grupos nativos de la región (Gutiérrez y Meraz, 2016). Por ejemplo, por temporadas los antepasados de Doña Beatriz se alimentaban solamente de ese ingrediente, acompañado de miel y carne seca de venado cuando se conseguía.

Posteriormente a la recolección se dejan secar las semillas bajo el sol, después se golpea la bellota con una piedra para sacar la semilla amarilla, un proceso llamado _cuchul_ (nombrado así por Beatriz). Si uno la come en este momento, sin lavar, tiene un sabor muy amargo. Posteriormente se muele en un mortero de piedra y se obtiene un polvo de coloración amarilla que se coloca en una malla y se lava varias veces para quitarle el amargor. Doña Beatriz cuenta que puedes encontrar morteros de piedra donde los encinos abundan, pues los usaban los nativos que se asentaban en el lugar hace cientos de años. Se debe tener mucho cuidado cuando se haga este proceso porque se dice que si alguien más te ve haciendo el proceso de lavado no se deja colar la bellota. Cuando la bellota colada adquiera una consistencia espesa, como la de una masa, se extiende en un plato y se deja reposar de 5 a7 horas.

Una vez que se dejó reposar, se obtiene una apariencia espesa y consistente, semejante a una gelatina grumosa, de color café claro listo para comer. Doña Beatriz, acompaña su atole de bellota con unas tortillitas de harina recién hechas con "*Marrik*" (Frijol, en lengua *Kumiai*). El aroma del atole de bellota por sí solo, es en ratos neutro y en ratos es semejante a tierra mojada, muy parecido al aroma de una mañana neblinosa en el monte costero de la Baja California. En cuanto al sabor, este puede ser amargo en un principio por la características de la bellota peninsular; conforme el paladar se va adecuando, la tierra y las cortezas vienen a la mente. Este alimento se acompaña con otros elementos de la fauna y la flora silvestre de la región como los que se mencionan a continuación.

Carne seca
Para preparar la carne seca, que puede ser de venado bura (*Odocoileus hemionus*) o de res, dependiendo de la disponibilidad, después de la caza o el sacrificio se corta en filetes, se le espolvorea sal, 1½ cucharadas de sal por filete queda bien, y se deja secar al sol. La carne va a tener un ligero proceso de deshidratación y conservación por efecto de la sal y del sol, por este motivo se debe preparar en un día soleado y de ambiente seco. También se cuelgan los cortes en tendederos dentro de las casas de los ranchos. Posterior al secado de la carne, Rigo y Magda, una pareja "*tipey*" (indio, en lengua Kumiai), de la comunidad de La Huerta, elaboran una deliciosa machaca o simplemente la dejan en trozo completo. Para

desmenuzar la machaca se utilizan los mismos morteros extendidos de piedra con los que se muelen las bellotas.

Salvia y quelites

Para la recolección de la semilla de salvia (*Salvia apiana*), lo recuerda Beatriz, "salíamos a caminar a los cerros o que íbamos a jugar, en temporada nos gustaba colectar la semillita". Al primer indicio del matorral blanco con hojas casi platinas y largos tallos con flor seca que salían del alto del arbusto, se acercaban a buscar la semilla, ese elemento crocante que se escondía entre el fuerte aroma de las hojas y los pétalos de las flores. Según Beatriz, se consume directamente, gusta por su textura crocante, pero también se utilizaban para calmar el hambre en los largos viajes. Las partes comúnmente utilizables de la planta por los nativos son las hojas, tallos y semillas (Anderson, 2005). Los tallos eran utilizados por los nativos que tenían travesías largas como hidratante en tiempos de falta de agua. Las hojas son aprovechadas como incienso para festividades o ceremonias, medicina tradicional, venta y cocción de estofados con carnes de caza.

Rigo y Magda recolectan los quelites o flor de monte en los alrededores de su rancho y comunidad. Se utilizan las flores, las hojas y frutos, dependiendo del quelite, para esta ocasión vamos a recurrir al ejotillo del monte (*Perimota arborea*). De este se usan las flores y las vainas. Para cocinarlas, hay que poner a hervir agua y después meter las flores recolectadas; después escurrir el agua y poner agua nueva a hervir para volver a meter las flores. Este procedimiento se repite cuantas veces sea necesario para quitar el amargor. Una vez que se escurrió el agua hirviendo, las flores se sumergen en agua fría para tibiarlas y poder exprimirlas con la mano. Se cortan en trozos pequeños y se sofríen con cebolla finamente picada. Rigoberto y Magda, han elaborado este platillo cada que la temporada y la planta les da oportunidad, además han incorporado nuevos ingredientes al guisadito, tal es el caso del huevo que se cocina revuelto.

Emplatado

Antes de servirla, la carne se termina de desmenuzar en los morteros para hacer una especie de machaca, se puede guisar con cebolla picada y se sirve con el atole de bellota, acompañado con el guisado de flores de monte, que si se preparan en estufa de leña ¡mucho mejor! Este platillo se acompaña con unos frijolitos de olla y tortillas de trigo recién hechecitas.

Preparaciones culinarias por nativos y rancheros de las zonas áridas de Baja California

La alimentación representa uno de los vínculos más fuertes que el hombre tiene con la naturaleza (de la Barrera, 2016). Sin embargo, la masificación de la producción de alimentos y sus formas de consumo han acelerado la degradación de los ecosistemas y la pérdida de biodiversidad (Spence, 2017). Ante esto, surge la necesidad de repensar los sistemas alimentarios, de modo que sean sanos, accesibles y sean representativos de la diversidad biológica y cultural a nivel local (García y Bermúdez, 2014).

El sistema de alimentación de las comunidades nativas de las zonas áridas de Baja California, p.ej., Kumiai, Kiliwa, Cucapá, Paipai, Cochimí, está estrechamente relacionado con la práctica milenaria de la colecta de plantas silvestres y la caza a baja escala. Sin embargo, la alimentación contemporánea de los indígenas nativos de Baja California, se ha modificado en respuesta a la cultura alimentaria global y las presiones socioeconómicas (Aschmann, 1952; Wilken, 2012). Así, en sus recetas los sabores de los antepasados se mezclan con los presentes para formar una nueva identidad gastronómica. En este contexto presentamos esta receta, que en esencia resalta la diversidad de ingredientes y técnicas, las memorias de sabores encontrados en las zonas áridas del Noroeste mexicano.

Para los cocineros tradicionales es importante transmitir sabores a las nuevas generaciones para que siga encendido el fogón de la cultura, y el saber-sabor sobre las bondades del medio natural. Se usan estos ingredientes debido a las tradiciones heredadas, describe los cocineros… «La comunidad se crío con su abuela y ella les enseño sus costumbres, los ingredientes son típicos de la comunidad y los sabores ni se diga» (Comunicación personal con Rigo y Magda, 5 de agosto del 2018).

Entre la carne seca, el amargor y la textura del atole de bellota, la semilla de salvia blanca y las flores de monte, se conjugan los alimentos del nomadismo del pasado y el paisaje de los ranchos del presente. Este platillo ejemplifica la conexión entre los ecosistemas, la cultura, el intercambio de saberes y sabores que han construido cocineras/ros nativos de Baja California, un rincón aún poco explorado.

14. Asado

Adrián Calleros

Ingredientes

Cortes de carne de res, p. ej., New York, bife de chorizo,
  rib eye o sirloin, mínimo uno por comensal

Sal de grano

Pimienta negra

Chimichurri argentino

Tortillas

Cebollas de cambray

Nopales

Calabaza

Queso manchego mexicano

Cerveza (opcional, pero recomendada)

Preparación

Sacar los cortes del refrigerador y dejarlos reposar por 20-30 minutos a temperatura ambiente. Mientras, iniciar el fuego y gradualmente agregar carbón hasta que la temperatura alcance unos 300 °C. Distribuirlo de manera en que queden dos zonas, una de alta temperatura con la mayoría del carbón que se va a usar para dorar y sellar la carne y una sin carbón que se usará para los complementos. Una vez reposada la carne, aplicar sal y pimienta al gusto por ambos lados.

Poner los cortes directamente sobre los carbones calientes —agregar carbón según se necesite para mantener la temperatura— y dejar dorar por 2 o 3 minutos, voltearla y dejarla por un par de minutos más. Dependiendo de las preferencias se puede servir cuando haya transcurrido el tiempo o se puede mover a la zona sin carbón para una mayor cocción. Retirar el corte del asador, dejarlo reposar por 5 minutos y servir.

En México se acostumbra a acompañar la carne de tortillas, quesadillas y verduras varias asadas, esto se puede hacer en la periferia del asador o en la zona sin carbón.

Un argumento a favor de la carne

Se ha hipotetizado que desde los inicios del género *Homo* éramos animales omnívoros, es decir que comemos de todo un poco. Esto se ha deducido a partir de una variedad de estudios sobre la acidez estomacal, relevante para la digestión e inocuidad de la carne (Beasley *et al.*, 2015), de señales isotópicas[*] (Peters y Vogel, 2005) y de evidencia arqueológica que demuestra que nuestros antepasados desarrollaron y utilizaron herramientas para facilitar el consumo de tejidos animales (McPherron *et al.*, 2010; Ferraro *et al.*, 2013). De igual manera estudios comparativos han demostrado que existe una gran diferencia entre las dietas de los humanos y de los chimpancés, el animal más cercanamente emparentado con los humanos. Se ha observado que los humanos de sociedades de cazadores invierten entre el 30 y el 80% del tiempo de búsqueda de comida buscando carne, en contraste con el 2% de los chimpancés —entre 200 y 1,400 g diarios para los humanos y entre 10 y 40 para los chimpancés (Kaplan *et al.*, 2000). La dieta omnívora está asociada a una mayor ingesta tanto de macro- como de micro- nutrientes, así como a una serie de adaptaciones evolutivas —p. ej., bipedalismo— y de comportamiento —p. ej., la preferencia por alimentos ricos en nutrientes— que han permitido que nuestro cerebro e inteligencia de desarrollen por encima de nuestros parientes más cercanos (Murphy y Allen, 2003).

---

[*] Toda la materia está compuesta de átomos y estos a su vez están compuestos de protones, partículas cargadas positivamente; neutrones, partículas sin carga; y electrones, partículas cargadas negativamente. La identidad de los átomos está dada por el número de protones en su núcleo, la carga total por el número de electrones y los neutrones determinan el isótopo particular de cada elemento. Los isótopos son átomos con el mismo número de protones (número atómico) pero diferente número de protones. Elementalmente, los isótopos tienen la misma función pero al nivel de procesos biológicos existe preferencia por ciertos isótopos. En este caso en particular se analizó cómo cambia la composición isotópica del esmalte dental de diferentes homínidos y se comparó con los valores que presentan distintos animales con diversas dietas. El estudio encontró que los homínidos del género *Homo* presentan valores similares a los del leopardo y de la hiena, indicando que por lo menos parte de su dieta provenía de herbívoros del esmalte dental que indican que los homínidos obtenían parte de su carbono de fuentes animales (Peters y Vogel, 2005).

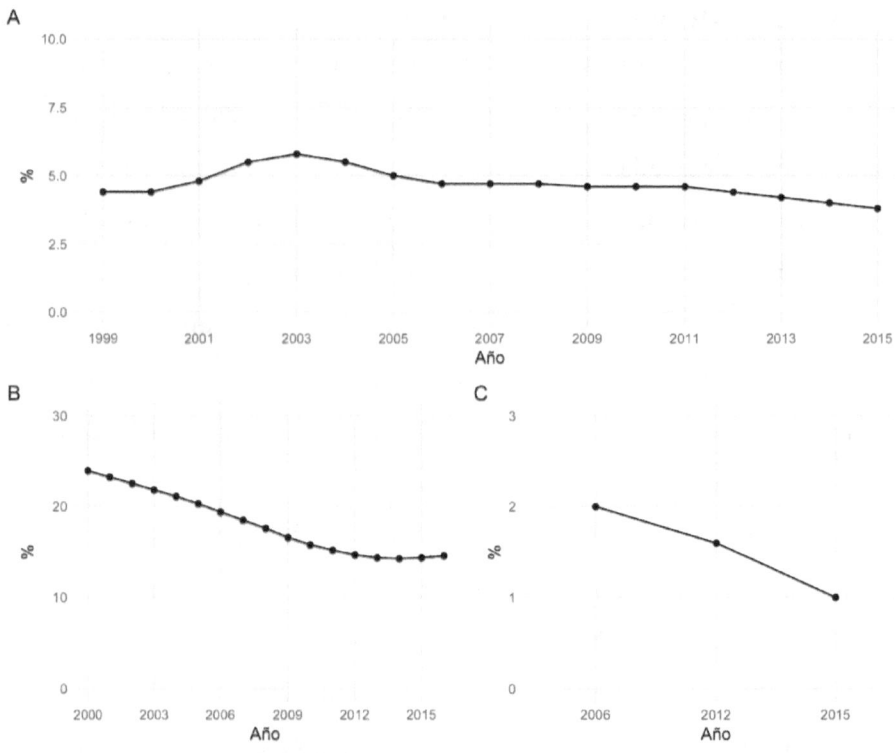

Figura 1. A) *Porcentaje de la población con malnutrición (promedio de tres años).*
B) *Porcentaje de mujeres en edad reproductiva (15 a 49 años) con anemia. C) Porcentaje*
de niños menores de 5 años afectados por emaciación. Fuente: FAO 2017.

Los humanos necesitamos comer carne, está en nuestra historia y en nuestra sangre. Numerosos estudios de sangre concuerdan que las personas con dietas sin alimentos de origen animal usualmente carecen de nutrientes importantes para su buen desarrollo. Entre estos nutrientes se mencionan frecuentemente hierro —particularmente el hierro hemo que es mucho más fácil de asimilar— calcio, zinc, ácido fólico, vitaminas del complejo B y proteínas (Alexander et al., 1994; Hunt, 2003; Key et al., 2006; Craig et al., 2009; Schüpbach et al., 2017). En países en vías de desarrollo como México, las deficiencias nutricionales son constantes tanto en la población general como en la población vulnerable (Figura 1), por ello el consumo de alimentos de origen animal se vuelve prioritario para el desarrollo adecuado de la población pues en casos extremos la desnutrición puede derivar en anemia, bajo crecimiento, raquitismo, bajo desarrollo cognitivo, ceguera, deficiencias neuromusculares e incluso la muerte (Murphy y Allen, 2003). Estos alimentos han demostrado ser eficientes en el alivio de deficiencias nutricionales ya que contienen nutrientes de alta densidad y fácilmente asimilables (Neumann *et al.*, 2002; Murphy y Allen, 2003) y son cruciales para cumplir con el segundo objetivo de desarrollo sostenible de la ONU, hambre cero, entre los cuales se encuentran acabar con el hambre y asegurar el acceso a comida nutritiva para toda la población, acabar con la malnutrición, mejorar la productividad de los productores de comida de pequeña escala y mantener la diversidad genética de plantas y animales.

Animales en las casas

Así como los humanos necesitamos de la carne, leche y grasa para nuestro desarrollo, los ecosistemas necesitan de los animales para su buen funcionamiento y las personas necesitan de los beneficios a su bienestar que la ingesta y la venta de animales y sus productos les brindan. Al igual que todos los seres vivos, los humanos hemos transformado nuestro ambiente, la diferencia es que la escala a la que lo hemos modificado nos convierte en una fuerza geológica más, por lo que se ha propuesto que la era actual sea definida como antropoceno (Lewis y Maslin, 2015). Nos hemos apropiado de la productividad primaria (PPN) —la cantidad de energía solar convertida en materia viva por las plantas; se estima entre el 3 y el 39 porciento de la PPN (Haberl *et al.*, 2014)—, fijamos el doble de nitrógeno de lo que se fijaría naturalmente (Vitousek *et al.*, 1997), perdemos especies 100 veces más rápido que la tasa natural (Barnosky *et al.*, 2011; Ceballos *et al.*, 2015) y los niveles de dióxido de carbono son 1.5 veces más altos que en la era preindustrial, que causa que la energía del sol se quede atrapada dentro del planeta en lugar de escapar al espacio (Arrhenius, 1896; IPCC, 2014). Estos parámetros que hemos alterado, junto con otros, han sido propuestos como límites para mantener el planeta y sus sistemas en una condición similar a la del Holoceno, la era geológica actual en la que los humanos y todas las especies y ecosistemas existentes nos hemos desarrollado y adaptado. Cruzarlos podría tener consecuencias catastróficas para el bienestar de las personas, potencialmente amenazando la supervivencia de nuestra especie (Rockström *et al.*, 2009).

La importancia que tiene el ganado dentro de los agroecosistemas es variada. Transforman los residuos vegetales de los cultivos en alimentos aprovechables por el humano, ya sea en forma de carne o de leche, que de otra manera se podría convertir en un problema de residuos y cuya descomposición natural también implica la emisión de gases de efecto invernadero y, al mismo tiempo, regresa al suelo nutrientes que hubieran tenido que ser obtenidos por agroquímicos de no estar presentes los animales (Oltjen y Beckett, 2013). En algunas zonas que son altamente susceptibles a la pérdida de suelo el pastoreo puede ser la única actividad económica viable, pues el cambio de la cubierta vegetal por cultivos pudiera acelerar la pérdida de suelo y al ser generalmente zonas con pendientes pronunciadas, la construcción resulta inviable (Hauptli *et al.*, 1990). Las actividades ganaderas representan el 18% de las emisiones antropogénicas de gases de efecto invernadero (Steinfeld *et al.*, 2006). Sin embargo, también existen maneras de hacer más eficientes los procesos y de mitigar los efectos negativos. Entre las distintas alternativas para mitigar los efectos del ganado se encuentra la de disminuir el número de cabezas de rumiantes, cuya digestión depende de la acción de bacterias generadoras de metano, y sustituirlas por ganado monogástrico cuyas emisiones no son tan significativas, así como mejorar las dietas para que sean más eficientes y generen menos gases. Otra de las alternativas es diversificar las especies de las que se alimentan los animales para incluir plantas leñosas que capturen y almacenen carbono. El manejo de los residuos también representa una opción que se ha puesto en práctica. En esta se recolectan los residuos, se introducen en biodigestores que impiden que los gases escapen y se utilizan como combustible que brinda beneficios a las personas y convierte el metano en dióxido de carbono que tiene un menor potencial de cambio climático (Steinfeld *et al.*, 2006; Gill *et al.*, 2010). Estas prácticas pueden ser implementadas a través de sistemas agroforestales. Estos sistemas incorporan elementos de cultivos con árboles y animales en el mismo espacio, de manera que se imitan los elementos y procesos que existen naturalmente en los ecosistemas y se obtienen múltiples beneficios como cosechas, leña, forraje, alimentos de origen animal, etc., al mismo tiempo que abonan a la consecución de los objetivos de desarrollo sustentable, en particular a la seguridad alimentaria, bienestar social e integridad ambiental (Wilson y Lovell, 2016; Waldron *et al.*, 2017).

Aproximadamente el 70% de los hogares rurales en situación de pobreza utilizan el ganado como parte de sus medios de vida (Livestock in Development, 1999) por su valor tanto monetario como intangible. Las razones más comunes son para la provisión directa de alimentos que, como ya se mencionó, son importantes para la nutrición y el buen desarrollo de las personas, como fuente de ingreso tanto fijo como de emergencia, para proveer de energía (p. ej., para proveer de tracción para transporte o el arado), para servir como medios de ahorro de dinero o como símbolo de estatus social (Randolph *et al.*, 2007).

Happy together

Después de esta recopilación de razones por las cuales el consumo de carne tiene su lugar en nuestra historia, nuestra sangre, en nuestro mundo y en nuestra economía, se les hace una invitación a que en un buen día llamen a su familia y amigos, preparen el asador, destapen una cerveza, alisten la carne y sus complementos y se reúnan para convivir y disfrutar sus compañías. Conviva con familia y amigos para sentirse más felices (Yiengprugsawan *et al.*, 2015), para evitar la soledad y mitigar el riesgo de accidentes cardiovasculares (Holt-Lunstad y Smith, 2016) y de síndrome metabólico (Kwon *et al.*, 2018) y para sentirse en unión con las personas y con el ambiente (Zelenski y Nisbet, 2014). De preferencia que la reunión sea en un jardín o en algún parque, tal vez a la orilla de un lago o junto al mar —esto claro sin olvidarse de recoger todo lo que se llevó al lugar— puesto que la interacción con la naturaleza ayuda contribuye a mejorar los afectos, a crear mejores relaciones sociales, mejora la capacidad de manejar las tareas de la vida diaria, decrece el estrés mental y en general ayuda a sentirse más felices (Bratman *et al.*, 2019), pero este ya es un cuento para otro libro.

IV. Postre y alipús

15. Queso de tuna

Amaranta Paz Navarro y Érick de la Barrera Montppellier

Ingredientes

2 kg tunas cardonas

Preparación

Se pelan las tunas y se muele la pulpa sobre un colador para separar las semillas. Posteriormente, en una olla de metal o cobre, se hierve la pulpa a fuego lento hasta que espese. Una vez que comience a hervir, es importante removerla constantemente con una pala de madera para evitar que se pegue en el fondo de la cacerola.

Cuando la pulpa esté suficientemente espesa y con apariencia elástica, se coloca en un recipiente y se deja enfriar toda la noche. Al día siguiente, la pasta fría se coloca sobre una mesa donde deberá ser amasada y golpeada hasta que ésta haya adquirido un color marrón y una consistencia más firme.

Por último se coloca la pasta en moldes para darle la forma que desee. Se recomienda conservar los quesos en un lugar fresco o en refrigeración.

Aunque me espine la mano...

Desde Tapachula hasta Tijuana, los cactus son un elemento emblemático del paisaje mexicano. Es natural, entonces que en este país biodiverso, en el que comemos desde malezas hasta insectos, todas las culturas que han poblado el territorio nacional hayan incorporado a los cactus locales en sus respectivas gastronomías tradicionales. Así, comemos nopales, garambullos, pitayas pitahayas, chendes, chichipes, biznagas...

De todas las partes vegetativas y frutas de cactáceas que nos comemos, sin lugar a dudas, la tuna es la más famosa. Esto no es gratuito, su sabor delicioso y su vida de anaquel bastante larga las vuelven una de las frutas favoritas en nuestro país. Así, las tunas trascienden la dieta y forman parte indiscutible de la cultura mexicana, como se puede apreciar desde las canciones de Jorge Negrete hasta el escudo nacional. Sin embargo, los mexicanos no somos los únicos que comemos tunas. Esta fruta también es típica en las islas italianas del Mediterráneo. Algunos lectores cinéfilos habrán notado que en distintas películas italianas desde *Il Gatopardo* hasta *Call me by your name*, pasando por *Madalena* y *Cinema Paradiso* (en la que, por cierto, Marco Leonardi, quien interpretó a Totò adolescente, es el mismo actor que después dio vida a Pedro Muzquiz, el galán en la versión cinematográfica de *Como agua para chocolate*), es común ver nopaleras en los paisajes de fondo. Uno podría pensar que los cinematógrafos italianos han sido medio flojos y que al filmar sus películas en México (¿tal vez en Durango, la llamada "tierra del cine»?) no tuvieron el cuidado de excluir a la vegetación nativa de sus tomas. Pero no es así. Generalmente se trata de escenarios naturales del sur de Italia a donde llegaron las tunas gracias a Cristóbal Colón, quien en su tercer viaje llevó unas pencas de nopal, después de haber probado la deliciosa fruta que allá se conoce como *figo d'India*, el higo de las Indias 8 (Casas y Barbera, 2002).

Si las tunas llegaron a Europa al mismo tiempo que el tomate, entonces cabe preguntarse por qué aquella solanácea se convirtió en un elemento fundamental de la gastronomía universal, mientras que la cactácea, siendo tan rica, no. Todo parece indicar que las culpables son sus semillas. Para las personas que crecimos en México (y para aquellos provenientes de distintas partes del sur de Italia), nos resulta natural comernos las semillas. Recuerda la última vez que comiste tunas. Saboreas la pulpa, haces ejercicios con la lengua y, después de un rato, te tragas la pulpa con todo y las semillas. Y ya. Pero el hecho de que las semillas de tuna sean tan grandes y duras ha dificultado su aceptación alrededor del mundo.

¿Entonces, por qué no hemos desarrollado tunas sin semillas, como lo hemos hecho con limones, naranjas o uvas? ¿O por qué no las hemos hecho pequeñas y blandas, como las de los plátanos o las sandías? La respuesta corta es que no se puede. En las tunas, la pulpa está íntimamente ligada a las semillas, pues crece a partir de su cáscara (de la Barrera y Nobel, 2004). De manera que sin semillas no hay pulpa. Una alternativa podría ser desarrollar tunas que crezcan a partir de las llamadas semillas abortivas, esas que son más pequeñas y blandas que las normales, como las semillas blancas que a veces trae la sandía. Esta estrategia tampoco ha sido muy exitosa, porque las tunas con semillas abortivas tienden a ser más pequeñas y su sabor no es tan bueno (de la Barrera y Nobel, 2004). De manera que mientras el mundo aprende lo que es bueno y se acostumbra a lidiar con las semillas de la tuna, tendrán que seguir comiendo manzanas y peras.

El nopal ancestral de los chichimecas

Históricamente los nopales han sido una planta de enorme importancia, sobre todo para los habitantes de las regiones áridas de México. Durante el periodo prehispánico, distintas tribus nómadas que deambulaban por lo que hoy se conoce como el Altiplano Meridional Mexicano, integrado por los estados de

Guanajuato, San Luis Potosí, Jalisco y Zacatecas, dependían en gran medida de esta planta, principalmente por su alto contenido de agua (Valdés, 1995).

Los usos prehispánicos de las distintas especies de nopal fueron diversos. Además del queso de tuna se preparaban miel y bebidas fermentadas como el colonche, aunque también desarrollaron técnicas de deshidratación para almacenar los frutos y consumirlos meses después (Reyes-Agüero et al., 2005).

Algunos de los grupos indígenas que habitaron la región fueron los guachichiles, zacatecos, pimas, conchos, tobosos y borrados; hoy mejor conocidos como «Chichimecas», nombre genérico y homogeneizador designado por los españoles para referirse a los pueblos guerreros y «salvajes» del norte (Rivera Villanueva y Berumen Félix, 2011). La región del Altiplano fue un punto neurálgico en el proceso de conquista al ser la frontera geográfica y cultural entre los grupos mesoamericanos del centro y sur y lo que se denominó «La Gran Chichimeca», que comprendía desde el norte de los imperios azteca y tarasco hasta el sur de los actuales Colorado y Utah en Estados Unidos (Rivera Villanueva y Berumen Félix, 2011). A pesar de que posterior a la conquista muchos de estos grupos nómadas fueron dominados o exterminados por los españoles y de que a lo largo de los años han ocurrido notables transformaciones culturales y paisajísticas, el nopal ancestral y todo el cosmos de saberes vinculados a su manejo y formas de aprovechamiento, permanece como uno de los pocos cultivos representativos de la cultura original nómada-recolectora de la «Gran Chichimeca».

Adaptaciones de los nopales a la aridez

En la actualidad, el cultivo del nopal es posible en distintas zonas áridas y semiáridas del mundo gracias a sus características anatómicas y fisiológicas que le permiten tolerar las condiciones ambientales adversas que existen en sitios donde no se pueden establecer otros cultivos.

En general, las hojas de las plantas, que termodinámicamente se comportan como una hoja de papel mojado, presentan una superficie muy grande relativa a su volumen. Esto es resultado de las presiones evolutivas para maximizar la captura de dióxido de carbono durante la fotosíntesis y facilitar la evaporación del agua que transportan desde el suelo, lo que permite el crecimiento celular y la regulación de la temperatura. Como consecuencia de esta adaptación, la pérdida de agua de la planta hacia la atmósfera es constante y puede ser muy elevada, dependiendo de la temperatura y humedad relativa del aire (Nobel, 1988).

Algunas estrategias que han desarrollado las plantas de zonas muy calientes o muy secas que les permiten lidiar con esta llamada «demanda evaporativa» en la que el aire caliente y seco «extrae» el agua, incluyen reducir el tamaño de las hojas (lo cual permite que se enfríen más rápido), perderlas estacionalmente (como es el caso de muchos árboles que tiran las hojas durante la época seca y desarrollan nuevas durante el verano) y el extremo evolutivo de sustituir las hojas por espinas, como se observa en las cactáceas que nos ocupan en este capítulo. Al haber cambiado sus hojas por espinas y contar con tallos fotosintéticos cubiertos con una cutícula gruesa y estomas hundidos, los nopales, y en general todas las cactáceas, logran conservar mejor el agua (Nobel, 1988).

Además de sus adaptaciones anatómicas y morfológicas, una adaptación fisiológica de los nopales que les permite desarrollarse muy exitosamente en zonas áridas y semiáridas es su tipo de fotosíntesis denominada «metabolismo ácido de las crasuláceas» o CAM, por sus siglas en inglés (Nobel, 1988; de la Barrera y Andrade 2005). Las plantas que presentan este tipo de fotosíntesis, que además de cactus, agaves, piñas y heno, incluye a aproximadamente el 7% de las especies vegetales, asimilan el dióxido de carbono del aire durante la noche, cuando la temperatura es menor y la humedad relativa del aire es mayor, de manera que las plantas pierden menos agua al realizar la fotosíntesis (Nobel, 1988).

Nopales para adaptarse al *CAM*-bio climático

Una parte del nopal a la que le seguimos entrando con gusto en la actualidad son a las pencas tiernas, que son tallos y no hojas, como común, pero errónea-mente se les dice. Estos tallos, llamados «cladodios» por los botánicos, son el ingrediente principal de los «nopalitos» que disfrutamos como ensalada o re-vueltos con huevo en el desayuno.

Aquí sí, los mexicanos y nuestras diásporas alrededor del mundo somos la única cultura que come nopalitos (Sáenz-Hernández *et al.*, 2002). Para fomen-tar la producción y el consumo de tunas y nopal alrededor del mundo, la Orga-nización de las Naciones Unidas para la Agricultura y la Alimentación (FAO) y el Centro Internacional para la Investigación Agrícola en Zonas Áridas (ICARDA) apoyan desde 1993 a la Red Internacional de Cooperación de la Tuna y el Nopal, mejor conocida por sus miembros como la CactusNet. Sus objetivos incluyen sistematizar y diseminar información sobre la producción de tuna, facilitar la colección y uso de germoplasma, promover los beneficios eco-lógicos y sociales de la tuna, desarrollar nuevos usos alimentarios y apoyar a productores interesados en distintos países para mejorar la capacidad técnica. Además, la CactusNet facilita la organización periódica del Congreso Interna-cional del Nopal y la Tuna en el que participan expertos y productores de los 40 países en los que se cultiva el nopal tunero (Nobel, 2000).

Sí, ¡cuarenta países! Esto se ha logrado gracias a las propiedades nutriti-vas del nopal y a su tolerancia a los ambientes áridos y semiáridos, lo cual ha fomentado que la planta se cultive en más de un millón de hectáreas alrededor del mundo (Nobel, 2000). En contraste, la piña, que es la planta CAM mejor conocida internacionalmente, apenas se cultiva en 300 mil hectáreas, solo en los trópicos húmedos. Sin embargo, el grueso del cultivo del nopal en el mundo se dedica a la producción de forraje y alimento para ganado. Además de la nu-trición animal, un factor a favor de su cultivo forrajero es que las nopaleras pueden sobrevivir a sequías prolongadas, pero cuando llueve acumulan cantidades importantes de agua dado que sus raíces, que son someras, son muy eficientes para captar cualquier lluvia por ligera que sea. Sus espinas permiten el manejo en los campos de pastoreo, pues evitan que el ganado se coma los nopales cuando hay otros alimentos y agua disponibles. Pero cuando llega la sequía, los ganaderos pueden quemar las espinas con un lanzallamas, dando acceso al ganado a los nopales, cuya cocción, aunque parcial, por efecto del fuego, facilita su digestión.

El rápido crecimiento que puede lograr el nopal bajo condiciones ambientales adversas también ha hecho que se le proponga para la producción de biomasa para biocombustible, ya sea para su combustión directa para su secado, para la degradación de su celulosa y lignina para biocombustibles de nueva generación o para su biodigestión, con la cual se produce biogas. El cultivo de alimentos para usos industriales, como la producción de biocombustibles, tal como el bioetanol que se produce en Estados Unidos con maíz o en Brasil con caña, no han quedado libres de controversia. Por una parte, las emisiones de gases de efecto invernadero pueden ser menores, pero por la otra, compiten por el espacio cultivable con los alimentos. En un planeta con una población humana en aumento, en el que uno de cada seis de nosotros no tiene acceso seguro a los alimentos (McDonald, 2010), tal vez valdría la pena priorizar la alimentación sobre otros usos para el espacio agrícola disponible.

Epílogo. Alipús, la última y nos vamos

Érick de la Barrera Montppellier, Ernesto Alonso Villalvazo Figueroa y Edison Armando Díaz Álvarez

Los niños de las nuevas generaciones, los «milenios», dan por sentado el suministro de su comida. Pero muchos desconocen completamente el origen de cada alimento que llega a su mesa cada día. Y es de tal proporción este hecho, que muchos niños y jóvenes al ser interrogados sobre el origen de un alimento tan común como la leche, simplemente responden que «viene del refri».

Pero no solo los niños desconocen el origen de los alimentos, muchos de nosotros, algo mayores, solo podríamos rastrear su origen hasta el tianguis y por mucho hasta el supermercado. Esto implica que también desconocemos completamente el costo ambiental que su producción y transporte conllevan. Al recorrer las diferentes recetas que los autores prepararon con mucho cuidado para este libro, junto con sus propuestas de como «salvar al mundo» mediante la modificación de nuestros hábitos alimenticios, nos damos cuenta de la relevancia que tiene lo que ponemos cada día en nuestra mesa y en nuestro cuerpo.

En estas páginas hemos revisado cómo las acciones humanas dejan huella en el planeta, en muchos casos, para mal. Y hemos discutido cómo el sistema alimentario global abona a la pérdida de la biodiversidad, al cambio climático y a las alteraciones de distintos ciclos biogeoquímicos que son fundamentales para el mantenimiento de la vida en el planeta. A su vez, como bumerán poético, vimos cómo la producción de alimentos es una de las actividades humanas más vulnerables a los cambios ambientales.

La expansión de la frontera agrícola sigue siendo una de las principales causas de deforestación en el planeta. A gran escala, esto sucede cuando algún cultivo se pone de moda o cuando se le requiere como insumo en algún proceso industrial. A nivel internacional, este es el caso del maíz (*Zea mays*), la palma de aceite (*Elaei guineensis*) y la soya (*Glycine max*), pero también es el caso del aguacate (*Persea americana* var. Hass) y del agave tequilero, en México. Con respecto a este último, a partir del reconocimiento de la denominación de origen del tequila por Estados Unidos, más o menos al tiempo de la entrada en vigor del TLCAN, aumentó la superficie cultivada con *Agave tequilana*, sobre todo en Jalisco, el estado que se preciaba de ser el tercer lugar de biodiversidad en el país (Cruz Angón, 2017). Jalisco se tornó azul-agave muy rápido. El cambio fue de tal magnitud, que la industria tequilera convenció a la UNESCO de declarar al «paisaje tequilero» como patrimonio cultural de la humanidad. Y sí, los campos de agave tequilero son muy bonitos, pero existen a costa de bosques y selvas de la región y de cultivos alimentarios menos intensivos.

La producción de alimentos también es una de las fuentes más importantes de gases de efecto invernadero alrededor del mundo (McDonald, 2010; FAO, 2017). Se utilizan combustibles fósiles en el transporte de las semillas y en la fabricación de los distintos agroquímicos. La labranza y cuidado de los cultivos también suele requerir de máquinas con motor de combustión interna, que son utilizadas durante el transporte de las cosechas a los distintos mercados. Sin embargo, una fuente agrícola de gases de efecto invernadero menos conocida, pero que tiene un impacto importante en el planeta, es el desperdicio de alimentos. Tanto, que la FAO (2017) estima que si el desperdicio de alimentos del mundo, desde la parcela hasta la mesa, fuera un país, sería el tercero más contaminante del mundo, solo después de Estados Unidos y China.

El aumento en la concentración atmosférica de gases de efecto invernadero es, precisamente, la causa del cambio climático y una de sus consecuencias, en México, será la disminución de la lluvia a lo largo del año en amplias partes del país (Sáenz-Romero *et al.*, 2010; Cuervo-Robayo *et al.*, 2014; López-Blanco *et al.*, 2018). Por ello es importante cuidar el agua. En este volumen hemos visto varias veces que más de tres cuartas partes del agua disponible para consumo humano en México se utiliza en la agricultura (Comisión Nacional del Agua,

2008). Esto se debe en parte a que su uso es muy ineficiente porque se transporta en canales de riego a cielo abierto y porque se utilizan sistemas de riego poco eficientes como la inundación o los aspersores. Sin embargo, son pocas las operaciones agrícolas que tienen acceso al agua de riego y la mayor parte de la agricultura depende de la lluvia (Skutch *et al.*, 2015).

La entomofagia, como fuente alternativa de proteína animal, ha formado parte de las tradiciones mexicanas desde hace siglos (Ramos-Elorduy y Viejo-Montesinos, 2007). Baste mencionar el caso del chapulín que se consume predominantemente en Oaxaca, pero a raíz del creciente aprecio por el mezcal, su consumo ha aumentado en otras partes del país. Recientemente se ha reconocido la valía de la entomofagia en el mundo y cada vez hay más voces que por nutrición y cuidado ambiental proponen que el consumo de insectos debería ser una opción cotidiana, como el pollo, el pescado o la res (Halloran y Vantomme, 2013).

Con insectos y sin ellos, el rescate de antiguas tradiciones culinarias, que perdimos con el paso del tiempo debido a la «modernidad», es una de las propuestas planteadas por este libro en varias de sus recetas. Aquí, el uso ancestral de la biodiversidad supone, a la par, una considerable disminución del daño ambiental y la reconciliación con nuestras raíces.

Las recetas de este libro, ancladas en las tradiciones gastronómicas mexicanas, son una forma innovadora de afrontar a la crisis ambiental que, durante las últimas décadas, ha tomado gran relevancia a nivel global y que puede suponer la extinción, no solo de muchas especies de plantas y animales alrededor del mundo, sino la de la misma humanidad o al menos de la civilización actual.

Buscando que el futuro aún sea posible, las recetas aquí colectadas mostraron cómo la creatividad se puede usar para establecer nuevas conexiones entre el mundo natural y nuestro día a día, planteando diferentes acercamientos a la biodiversidad. La gastronomía tendrá que reinventarse partiendo de una visión global, aspirando a la creación de nuevas relaciones con la naturaleza, incrementando la resiliencia y re-evaluando las bases de nuestras dietas. Ese humilde pero enorme ejercicio de transformación, necesario para la transición hacia la sostenibilidad, puede comenzar en nuestra alimentación, entendiendo nuestra ahora explorada dimensión geológica.

Los retos que enfrentamos hoy son muy diferentes a los que ha enfrentado la humanidad en el pasado y deben de afrontarse de maneras diferentes. La oportunidad que tenemos aquí son estas nuevas narrativas que nos ayudan a entender desde dónde parten nuestras acciones y que impacto tienen.

Bibliografía

Introducción

Anthropocene Working Group. 2019. Página electrónica disponible en línea: http://quaternary.stratigraphy.org/working-groups/anthropocene/ (Consultado el 30 de septiembre de 2019).

Bazzaz F, Ceballos G, Davis M, Dirzo R, Ehrlich PR, Eisner T, Levin S, Lawton JH, Lubchenco J, Matson PM, *et al.* 1998. Ecological science and the human predicament. *Science* **282:** 879.

Bennet EM, Solan M, Biggs R, McPhearson T, Norström AV, Olsson P, Pereira L, Peterson GD, Raudsepp-Hearne C, Biermann F. 2016. Bright spots: seeds of a good Anthropocene. *Frontiers in Ecology and the Environment* **14:** 441–448.

Crutzen PJ, Stoermer EF. 2000. The "Anthropocene". *IGBP NewsLetter* **41:** 17–18.

Esquivel L. 1989. *Como agua para chocolate.* Editorial Planeta. 262 p.

Francisco. 2015. Carta Encíclica *Laudato Si'* sobre el cuidado de la casa común. El Vaticano. 192 p.

Narchi NE, Búrquez A, Trainer S, Rentería-Valencia RF. 2015. Social constructs, identity, and the ecological consequences of carne asada. *Journal of the Southwest* **57:** 305–336.

Rockström J, Steffen W, Noone K, Persson A, Chapin III FS, Lambin EF, Lenton TM, Scheffer M, Folke C, Schellnhuber HJ, *et al.* 2009. A safe operating space for humanity. *Nature* **461:** 472–475.

Steffen W. 2013. Commentary: Paul J. Crutzen and Eugene F. Stoermer, "The Anthropocene" (2000). En: Sörlin RL, Warde P (eds.) *The Future of Nature.* Yale University Press. p. 486–490.

1. Ensalada urbana

Ávila H. 2009. Periurbanización y espacios rurales en la periferia de las ciudades. *Estudios Agrarios* **15:** 93–123.

Calderón A. 2016. Agricultura urbana familiar en una ciudad media en Chiapas. Implicaciones para la sustentabilidad urbana. *Estudios sociales* **48:** 101–129.

Cumbre Mundial sobre la Alimentación. 1996. Cumbre Mundial sobre la Alimentación. [En Línea] http://www.fao.org/docrep/X2051s/X2051s00.htm#P99_7093 [Consultado 30 abril 2019].

Dubbeling M. 2014. Status and Challenges for Urban and Peri-urban Agriculture Policy Making, Planning and Design. *Acta Horticulturae* **1021**: 121-132.

FAO. 2014. Manual técnico para la implementación de huertas periurbanas. [En Línea] http://www.fao.org/3/a-i3551s.pdf [Consultado 30 Marzo 2019].

Hernández L. 2006. La agricultura urbana y caracterización de sus sistemas productivos y sociales, como vía para la seguridad alimentaria en nuestras ciudades. *Cultivos Tropicales* **27**: 13-25.

McDonald BL. 2010. *Food Security*. Polity. 200 pp.

Moran N. 2010. Agricultura urbana: un aporte a la rehabilitación integral. *Papeles de relaciones ecosociales y cambio global* **111**: 99-111.

Schonwald J, Pescio F. 2015. *Mi casa, mi huerta. Técnicas de agricultura urbana.* Buenos Aires, Argentina: INTA Ediciones.

Zaar MH. 2011. Agricultura urbana: algunas reflexiones sobre su origen y expansión. *Biblio 3w: Revista Bibliográfica de Geografía y Ciencias Sociales* **16**: http://www.ub.es/geocrit/63w-944.htm/

Zezza A, Tasciotti L. Urban agriculture, poverty, and food security: Empirical evidence from a sample of developing countries. *Food Policy* **35**: 265-273.

2. Ensalada de verdolagas

Bosi G, Bandini Mazzanti M. 2007. *Portulaca oleraeae* L. fra il Periodo Romano e il Rinascimento in Emilia Romagna: informazioni dai reperti archeocarpologici. *Informatore Botanico Italiano* **38** (**suplemento 1**): 40-47.

Bosi G, Guarrera PM, Rinaldi R, Bandini Mazzanti M. 2009. Ethnobotany of purslane (*Portulaca oleracea* L.) in Italy and morphobiometric analyses of seeds from archaeological sites in the Emilia Romagna Region (Northern Italy). En: Morel JP, Mercury AM (eds.) *Plants and Culture: seeds of the cultural heritage of Europe*. Edipuglia, Bari, Italia

Chapman J, Stewart RB, Yarnell RA. 1974. Archaeological evidence for precolumbian introduction of *Portulaca oleraceae* and *Mollugo verticillata* into Eastern North America. *Economic Botany* **28**: 411-412.

Chen J, Shi YP, Liu JY. 2003. Determination of noradrenaline and dopamine in Chinese herbal extract from *Portulaca oleraceae* L. by high-performance liquid chromatography. *Journal of Chromatography A* 1033: 127–132.

Consejo Nacional de Evaluación de la Política de Desarrollo Social (CONEVAL). 2015. Medición de la Pobreza en México y en las Entidades Federativas. En línea: http://www.coneval.org.mx/Medicion/Documents/Pobreza%202014_CONEVAL_web.pdf#search=Pobreza%202014%5FCONEVAL%5Fweb%2Epdf (Consultado 22 febrero 2018).

Cruz-Cárdenas G, Villaseñor JL, López-Mata L, Ortiz E. 2012. Potential distribution of humid mountain forest in Mexico. *Botanical Sciences* 90: 331–340.

de la Barrera E. 2008. Recent invasion of buffel grass (*Cenchrus ciliaris*) of a natural protected area from the southern Sonoran Desert. *Revista Mexicana de Biodiversidad* 79: 385–392.

de la Barrera E, Orozco-Martínez R. 2016. Socio-ecological considerations on the persistence of Mexican heirloom maize. *Maydica* 61: M36.

Dyer GA, López-Feldman A, Yúnez-Naude A, Taylor JE. 2014. Genetic erosion in maize's center of origin. *Proceedings of the National Academy of Sciences* 111: 14094–14099.

Ezekwe MO, Omara-Alwala TR, Membrahtu T. 1999. Nutritive characterization of purslane accessions as influenced by planting date. *Plant Foods for Human Nutrition* 54: 183–191.

FAO. 2018. FAOSTAT. En línea: http://faostat.fao.org/site/339/default.aspx (Consultado 22 febrero 2018).

Groves M, Sheridan MB. 1997. U.S. lifts ban on Avocados from Mexico. Los Angeles Times. En línea: http://articles.latimes.com/1997-02-01/business/fi-24310_1_mexican-avocado-imports (Consultado 22 febrero 2018).

Ibarra FA, Cox JR, Martín MH, Crowl TA, Call CA. 1995. Predicting buffelgrass survival across a geographical and environmental gradient. *Journal of Range Management* 48: 53–59.

Khoury CK, Achicanoy HA, Bjorkman AD, Navarro-Racines C, Guarino L, Flores-Palacios X, Engels JMM, Wiersema JH, Dempewolf H, Sotelo S, *et al.* 2016. Origins of food crops connect countries worldwide. *Proceedings of the Royal Society B* 283: 20160792.

McDonald BL. 2010. *Food Security*. Polity Press.

Miranda Colín S. 2005. El origen genético y geográfico del maíz (*Zea mays* L.). En: Muñoz Orozco A (ed.) *Centli – Maíz*. Colegio de Postgraduados, Texcoco. Pp. 147–159.

Mondragón Pichardo J, Vibrans H. 2009. *Portulaca oleraceae* L. – Verdolaga. En línea: http://www.conabio.gob.mx/malezasdemexico/portulacaceae/portulaca-oleracea/fichas/ficha.htm (Consultado 23 septiembre 2019)

Perales Rivera H, Golicher D. 2011. Modelos de distribución para las razas de maíz en México y propuesta de centros de diversidad y de provincias bioculturales. Reporte Técnico. CONABIO. Mexico City.

Rockström J, Steffen W, Noone K, Persson Å, Chapin III, FS, Lambin EF, Lenton TM, Scheffer M, Folke C, Schellnhuber HJ, *et al.* 2009. A safe operating space for humanity. *Nature* 461: 472–475.

Sachs J. 2005. *The End of Poverty: Economic Possibilities of Our Time*. Penguin Press. New York.

Sala OE, Chapin III, FS, Armesto JJ, Berlow E, Bloomfield J, Dirzo R, Huber-Sanwald E, Huenneke LF, Jackson RB, Kinzig A, *et al.* 2000. Global biodiversity scenarios for the year 2100. *Science* 287: 1770–1774.

Servicio de Información Agroalimentaria y Pesquera. 2019. 2019

Shrack D. 2011. Mexican avocados reach White House on Cinco de Mayo. The Packer http://www.thepacker.com/fruit-vegetable-news/mexican_avocados _reach_white_house_on_cinco_de_mayo_122131879.html

Singh JS, Singh KP. 1967. Contribution to the ecology of ten noxious weeds. *Journal of the Indian Botanical Society* 46: 440–451.

Turrent Fernández F, Wise TA, Garvey E. 2013. Achieving Mexico's maize potential. International Conference on Food Sovereignty: A Critical Dialogue. Yale University, New Haven, CT, 14-15 September 2013. Paper no. 10. https://www.iss.nl/sites/corporate/files/10_FernandezWiseGarvey _2013.pdf

Villaseñor JL, Espinosa FJ. 1998. *Catálogo de malezas de México*. Universidad Nacional Autónoma de México, Ciudad de México.

3. Crema de raíces

Cano A, Delgado A, Mendoza W, Trinidad H, Gonzáles P, La Torre M, Chanco M, Aponte H, Roque J, Valencia N, Navarro E. 2011. Flora y vegetación de suelos crioturbados y hábitats asociados en los alrededores del abra Apacheta, Ayacucho - Huancavelica (Perú). *Revista Peruana de Biología* 18: 169–178.

Centro Internacional de la Papa. 2006. Catálogo de variedades de papa nativa en Huancavelica - Perú. De Haan S. coord. Perú.

Centro Internacional de la Papa. 2019. Cultived potato germplasm collection. [En Línea] https://cipotato.org/genebankcip/potato-cultivated/ [Consultado 22 abril 2019].

Crop Trust. 2019. Potato. [En Línea] https://www.croptrust.org/crop/potato/ [Consultado 2 mayo 2019].

De Haan S, Núñez J, Bonierbale M, Ghislain M. 2010. Multilevel agrobiodiversity and conservation of Andean Potatoes in Central Peru. *Mountain Research and Development* 30: 222–231.

Diderot D. 1765. *Pomme de terre, Topinambour, Batate, Truffe blanche, Truffe rouge(Diete)*. Enciplopédia. Vol XIII. [En Línea] http://enccre.academie-sciences.fr/encyclopedie/volume/13?i=751063002_I02003442_000013a_0 014 [Consultado 24 abril 2019].

FAO. 2008. Potato World: Production and consumption. [En Línea] http://www.fao.org/potato-2008/en/world/ [Consultado 24 abril 2019].

FAOSTAT. 2017. Food and agriculture data. [En Línea] http://www.fao.org/faostat/en/#data [Consultado 27 abril 2019]

Fonseca C, Burgos G, Rodríguez F, Muñoa L, Ordinola M. 2014. Catálogo de variedades de papa nativa con potencial para la seguridad alimentaria y nutricional de Apurímac y Huancavelica. Lima, Perú: C.I.P.

Ganling H. 2015. China to grow and eat more potatoes. *Frontiers in Ecology and the Enviroment* 13: 68

Godfray H, Beddington J, Crute I, Haddad L, Lawrence D, Muir J, Pretty J, Robinson S, Thomas S, Toulmin C. 2010. Food security: the challenge of feeding 9 billion people. *Science* 327: 812–818.

Kooroshy J. 2013. The cost of feeding all the pigs in China. *The World Today* 69: 32–33.

Liu X, Sheng H, Jiang S, Yuan Z, Zhang C, Elser J. 2016. Intensification of phosphorus cycling in China since the 1600s. *Proceedings of the National Academy of Sciences of the United States of America* 113: 2609–2614.

McDonald BL. 2010. *Food Security*. Polity. 205 pp.

McNeill W. 1999. How the potato changed the world. *Social Research* 66: 67–83.

Rockstrom J, Steffen W, Foley AJ, et al. 2009. A safe operating space for humanity. *Nature* 461: 472–475.

Smith FA. 2011. A potato global history. Londres, Reino Unido: Edible - Reaktion Books.

Stokstad E. 2019. This spud's is for you: A breeding revolution could unleash the potential of potato. [En Línea] https://www.sciencemag.org/news/2019/02/spud-s-you-breeding-revolution-could-unleash-potential-potato [Consultado 12 abril 2019].

USDA 2019. *Livestock and Poultry: World Markets and Trade.* [En Línea] https://apps.fas.usda.gov/psdonline/circulars/livestock_poultry.pdf [Consultado 24 abril 2019].

4. Albóndigas de amaranto

FAO. 2012. Las dietas deben ser sostenibles, según la FAO y Bioversity.

HLPE. 2015. Contribución del agua a la seguridad alimentaria y la nutrición. Un informe del Grupo de alto nivel de expertos en seguridad alimentaria y nutrición. [En Línea] http://www.fao.org/3/a-av045s.pdf [Consultado 20 Marzo 2019].

Martínez B, Pedrón C. 2016. Conceptos básicos de alimentación. [En Línea] https://www.seghnp.org/sites/default/files/2017-06/conceptos-alimentacion.pdf [Consultado 19 Marzo 2019].

Pérez F. 2015. ¿Dieta sostenible y saludable? Retrospectiva e implicancias para la nutrición pública. *Revista Chilena de Nutrición* 42: 301–305

5. Pozole vegetariano

De La Cruz S. 2017. La alimentación y la nutrición. Referentes de identidad social y patrimonio cultural. *Revista Electrónica Conocimiento Libre y Licenciamiento* 15: 129–138

FAO. 2012. Sustainable diets and biodiversity. Directions and solutions for policy, research and action. [En Línea] http://www.fao.org/3/a-i3004e.pdf [Consultado 24 marzo 2019].

Soto G. 2003. Memoria del taller. Agricultura Orgánica: una herramienta para el desarrollo rural sostenible y la reducción de la pobreza. [En Línea] http://www.fao.org/3/a-at738s.pdf [Consultado 24 marzo 2019].

McDonald BL. 2010. Food Security, Ed. Polity Press. 200 p.

McMichael. 2005. Integrating nutrition with ecology: balancing the health of humans and biosphere. *Public Health Nutrition* 8:706–715.

Méndez E. 2019. El Pozole y sus historias. [En Línea] https://lossaboresdemexico.com/el-pozole-y-sus-historias/ [Consultado 18 marzo 2019].

Ritchie H, Roser M. 2019. Meat and seafood production & consumption. [En Línea] https://ourworldindata.org/meat-and-seafood-production-consumption [Consultado 20 marzo 2019].

Swinburn BA, Kraak VI, Allender S, Atkins VJ, Bake PI, Bogard JR, Brinsden H, Calvillo A, De Schutter O, Devarajan R. *et al.* 2019. The Global Syndemic of Obesity, Undernutrition, and Climate Change: The Lancet Commission report. *The Lancet* 393: 791–846.

Segrelles J. 2001. Problemas ambientales, agricultura y globalización en América Latina. [En Línea] http://rua.ua.es/dspace/handle/10045/2202 [Consultado 13 abril 2019].

Organización Panamericana de la Salud. 2006. Escasez de agua, riesgo y vulnerabilidad. Informe sobre desarrollo humano. [En Línea] http://documentacion.ideam.gov.co/openbiblio/bvirtual/020078/BOL59/Informesobredesarrollo/Capitulo4.pdf [Consultado 13 abril 2019].

6. Tamales de flor de calabaza con chile morita y hoja santa, acompañados de frijoles con epazote

Altieri M. Toledo VM. 2011. The agroecological revolution of Latin America: rescuing nature, securing food sovereignty and empowering peasants. *The Journal of Peasant Studies* 38: 587–612.

Assunção J, Feres FC. 2009. Climate change, agricultural productivity and poverty. [En Línea] http://bibliotecadigital.fgv.br/ocs/index.php/sbe/EBE08/paper/viewFile/452/29 [Cnsultado 22 abril 2019]

Bellon MR, Berthaud J. 2004. Transgenic maize and the evolution of landrace diversity in Mexico. The importance of farmers' behavior. *Plant physiology* 134: 883–888.

Benítez M. Fornoni J. 2014. La Milpa como modelo en agroecología: Nuevas perspectivas hacia la seguridad alimentaria y el desarrollo sostenible [En Línea] http://web.ecologia.unam.mx/oikos3.0/index.php/todos-los-numeros/articulos-anteriores/52-agroecologia [Consultado 22 marzo 2019].

Carrillo-Trueba C. 2010. La milpa y la cosmovisión de los pueblos mesoamericanos. [En Línea] https://www.jornada.com.mx/2010/07/17/pueblos.html [Consultado 20 marzo 2019].

Collins M, Knutti R, Arblaster J, Dufresne JL, Fichefet T, Friedlingstein P, Shongwe, M. 2013. Long-term climate change: projections, commitments and irreversibility. En: Stocker TF, Qin D, Plattner GK, Tignor M, Allen SK, Boschung J, Nauels A, Xia Y, Bex V, Midgley PM (eds). Climate Change 2013: The physical science basis. Contribution of working group I to the Fifth Assessment Report of the Intergovernanmental Panel on Climate Change. Cambridge, Reino Unido: Cambridge University Press.

CONABIO. 2012. La Milpa. [En Línea] https://www.biodiversidad.gob.mx/usos/alimentacion/milpa.html [Consultado 22 marzo 2019]

de la Barrera E, Orozco-Martínez R. 2016. Socio-ecological considerations on the persistence of Mexican heirloom maize. *Maydica* 61: M36.

Didou-Aupetit S, Ramírez-Bonilla J. 1998. De maíz y tamales. *Caravelle* 71: 67–74

Ford A, et Nigh R. 2010. The Milpa Cycle And The Making of the Mayan Forest Garden. *Research Reports in Belizean Archeology* 7: 183–190.

Gay C, Estrada F, Conde C, Eakin H, Villers L. 2006. Potential impacts of climate change on agriculture: a case of study of coffee production in Veracruz, Mexico. *Climatic Change* 79: 259–288.

Moreno-Calles AI, Casas A, Rivero-Romero AD, Romero-Bautista YA, Rangel-Landa S, Fisher-Ortíz RA, Santos-Fita D. 2016. Ethnoagroforestry: integration of biocultural diversity for food sovereignty in Mexico. *Journal of Ethnobiology and Ethnomedicine* 12: 54.

Pacheco-Castro J. 2010. La milenaria milpa de subsistencia: un agroecosistema en peligro de extinción. En: Durán R, Méndez M, Eds, Biodiversidad y Desarrollo Humano en Yucatán. Mérida, Yucatán, México, 50–53.

Pilcher J. 1996. Tamales or Timbales: Cuisine and the Formation of Mexican National Identity, 1821–1911. *The Americas* 53: 193–216.

Restrepo J, Ángel D, Prager M. 2000. Agroecología. República Dominicana: CEDAF.

Sáenz-Romero C, Rehgeldt GE, Crookston NL, Duval P, St-Amant R, Beaulieu J, Richardson BA. 2010. Spine models of contemporary, 2030, 2060 and 2090 climates for Mexico and their use in understanding climate-change impacts on the vegetation. *Climatic Change* 102: 595–623.

Toledo VM, Barrera-Bassols N, García-Frapolli E, Alarcón-Chaires P, 2008. Uso múltiple y biodiversidad entre los Mayas Yucatecos (México). *Interciencia* **33**: 345–352.

Vela E. 2017a. El tamal entre los mexicas. *Arqueología Mexicana Especial* **76**: 30–39.

Vela E. 2017b. El tamal en México. Breve historia. *Arqueología Mexicana Especial* **76**: 8–21.

Wiersum KF. 2004. Forest gardens as an "intermediate" land-use system in the nature–culture continuum: characteristics and future potential. *Agroforestry Systems* **1**: 123–134.

Zizumbo D, Colunga P. 2017. La milpa del occidente de Mesoamérica: profundidad histórica, dinámica evolutiva y rutas de dispersión a Sudamérica. *Revista de Geografía Agrícola* **58**: 33–46.

7. Paella mestiza

FAO. 2013. Insects for Food and Feed. [En Línea] http://www.fao.org/edible-insects/en/ [Consultado el 22 de marzo del 2019].

Halloran A, Vantomme P. 2013. La contribución de los insectos a la seguridad alimentaria, los medios de vida y el medio ambiente. En: Edible insects: future prospects for food and feed security. Roma FAO.

Van Huis A, Van Itterbeeck J, Klunder H, Mertens E, Halloran A, Muir G, Vantomme P. 2013. Edible insects: future prospects for food and feed security. Roma: FAO.

8. Tortitas apocalípticas

Cuevas-Nasu L, Rivera-Dommarco JA, Shamah-Levy T, Mundo-Rosas V, Méndez-Gómez Humarán I. 2014. Inseguridad alimentaria y estado de nutrición en menores de cinco años de edad en México. *Salud Pública de México* **56**: 47–53.

Garza UE. 2011. El chapulín *Melanoplus sp* y su manejo en la Planicie Huasteca. Campo Experimental Ébano. INIFAP-CIRNE. San Luis Potosí, México. Folleto Técnico Núm.11: 15 p.

Godfray HCJ, Beddington JR, Crute IR, Haddad L, Lawrence D, Muir JF, Toulmin C 2010. Food security: the challenge of feeding 9 billion people. *Science* 327: 812–818.

Matthews C. 2006. *Livestock a Major Threat to Environment. FAO newsroom.* [En Línea] http://www.fao.org/newsroom/en/News/2006/1000448/index.html [Consultado 18 abril 2019]

Petersson RM, Marrero MM, Taboada Martínez C. 2010. Cambio climático y salud humana. [En Línea] http://www.revmatanzas.sld.cu/revista%20medi ca/ano%202010/vol4%202010/tema09.htm [Consultado 18 abril 2019]

Steinfeld H, Gerber P. 2010. Livestock production and the global environment: Consume less or produce better? *Proceedings of the National Academy of Sciences* 107: 18237–18238.

Van Huis A, Van Itterbeeck J, Klunder H, Mertens E, Halloran A, Muir G, Vantomme P. 2013. Edible insects: future prospects for food and feed security. Roma: FAO.

9. Hamburguesa con pan de chapulines

Acquaah G. 2009. *Principles of plant genetics and breeding.* Maryland, USA: Blackwell Pub, 732 pp.

Barrett CB. 2010. Measuring food insecurity. *Sustainable Nutrition in a Changing World. Science 327*: 35–41.

Bertran M. 2017. Domesticar la globalización: alimentación y cultura en la urbanización de una zona rural en México. *Anales de Antropología* 51: 123–130.

Brookes G, Barfoot P. 2016. Global income and production impacts of using GM crop technology 1996-2014. *GM crops & food* 7: 38–77.

Carmody RN, Wrangham RW. 2009. The energetic significance of cooking. *Journal of Human Evolution* 57: 379–391.

Chassy BM. 2007. The History and Future of GMOs in Food and Agriculture. *Perspective* 4:169–172.

Crist E, Mora C, Engelman R. 2017. The interaction of human population, food production, and biodiversity protection. *Science* 264: 260–264.

De Ponti T, Rijk B, Van Ittersum MK. 2012. The crop yield gap between organic and conventional agriculture. *Agricultural Systems* 108: 1–9.

Diamond JM. 1998. *Guns, germs and Steel: A Short History of Everybody for the Last 13,000 years.* W.W. Norton. New York. 480 p.

Diamond JM. 2002. Evolution, consequences and future of plant and animal domestication. *Nature* **418**: 700–707.

Fanzo J. 2015. Ethical issues for human nutrition in the context of global food security and sustainable development. *Global Food Security* **7**: 15–23.

FAO. 1996. Declaración de Roma sobre la seguridad alimentaria mundial y plan de Acción de la Cumbre Mundial. [En línea] URL http://www.fao.org/3/w3613s/w3613s00.htm [Consultado 10 mayo 2019].

FAO. 2011. Una introducción a los conceptos básicos de la seguridad alimentaria. [En línea] http://www.fao.org/3/al936s/al936s00.pdf [Consultado 10 mayo de 2019].

Garnett T. 2014. Three perspectives on sustainable food security: Efficiency, demand restraint, food system transformation. What role for life cycle assessment? *Journal of Cleaner Production* **73**: 10–18.

Godfray H, Garnett T. 2014. Food security and sustainable intensification. *Philosophical transactions of the Royal Society of London. Series B, Biological sciences* **369**: 20120273.

Guerrini CJ, Curnutte MA, Sherkow JS, Scott CT. 2017. The rise of the ethical license. *Nature Biotechnology* **35**: 22–24.

Gupta PK, Varshney RK. 2000. The development and use of microsatellite markers for genetic analysis and plant breeding with emphasis on bread wheat. **113**: 163–185

Holme IB, Wendt T, Holm PB. 2013. Intragenesis and cisgenesis as alternatives to transgenic crop development. *Plant Biotechnology Journal* **11**: 395–407.

Ingram JSI, Dyball R, Howden M, Vermeulen S, Ganett T, Redlingshöfer B, Porter J. 2016. Food security, food systems, and environmental change. *Solutions Journal* **7**: 63–73.

Jochemsen H. and Schouten HJ. 2000. Ethische beoordeling van genetische modificatie. En: Jochemsen (ed.) *Een Ethische en Politieke Beoordelingvan de Moderne Biotechnologie.* Buijten y Schipperheijn, Amsterdam. Pp. 88–95.

King JE, Weiss A, Sisco MM. 2008. Aping humans: age and sex effects in chimpanzee (Pan troglodytes) and human (Homo sapiens) personality. *Journal of Comparative Psychology* **122**: 418.

Martínez AM, Martínez AM. 2011. La educación alimentaria y nutricional desde una dimensión sociocultural como contribución a la seguridad alimentaria y nutricional [En Línea] http://www.eumed.net/rev/

cccss/16/bmbm.html [Consultado 20 abril 2019]

Matson PA, Parton WJ, Power AG, Swift MJ. 1997. Agricultural Intensification and Ecosystem Properties. *Science* **277**: 504-509.

McDonald BL. 2010. *Food Security*. Polity. 200 pp.

McKay BB. 2012. A socially inclusive pathway to food security: the agroecological alternative. *Policy Research Brief* **23**: 1-7.

Melnyk CW, Meyerowitz EM. Plant grafting: insights into tissue regeneration. *Regeneration* **25**: 3-14.

Meyer WB, B. L. T. 2014. Human Population Growth and Global Land-Use/Cover Change. *Annual Review* **23**: 39-61.

Organización de las Naciones Unidas. 2018. ¿Cuánto le cuesta una hamburguesa al medio ambiente? *Noticias ONU*. [En línea] https://news.un.org/es/story/2018/11/1445211. [Consultado 10 mayo 2019].

Osorio AE, Corradini MG, Williams JD. 2013. Remediating food deserts, food swamps, and food brownfields: helping the poor access nutritious, safe, and affordable food. *AMS Review* **3**: 217-231.

Paarlberg. 2010. Food Politics: What everyone needs to know. Oxford Unity Press, 218 pp.

Pathirana R. 2011. Plant mutation breeding in agriculture. *Plant sciences reviews* **6**: 107-126.

Provencio E. 2003. La relación entre pobreza y ambiente y sus repercusiones de política. *Comercio exterior* **53**: 648-656.

Rey Huerga N. 2018. La *Impossible Burger*. La revolución de los alimentos en la UE. *Revista de Bioética y Derecho* **42**: 197-234.

Rivero RM, Ruiz JM, Romero L. 2014. Role of grafting in horticultural plants under stress conditions. *Journal of food agriculture and environment* **1**: 70-74

Rommens CM. 2004. All-native DNA transformation: a new approach to plant genetic engineering. *Trends in Plant Science* **9**: 457-464.

Schouten HJ, Krens FA, Jacobsen E. 2006a. Cisgenic plants should be excluded from GMO regulations. *Nature Biotechnology* **24**: 753.

Schouten HJ, Krens FA, Jacobsen E. 2006b. Cisgenic plants are similar to traditionally International regulations for genetically modified organisms should be altered to exempt cisgenesis. *EMBO Reports* **7**: 750-753

Smith BD. 1998. Between Foraging and Farming. *Science* **279**: 1651-1652.

Tomich TP, Brodt S, Ferris H, Galt R, Horwath WR, Kebreab E, Leveau JHJ, Liptzin D, Lubell M, Merel P, et al. 2011. Agroecology: A Review from a

Global-Change Perspective. *Annual Review of Environment and Resources* **36:** 193-222

Trout DL, Behall KM, Osilesi O. 1993. Prediction of glycemicindex for starchy foods. *The American Journal of clinical nutrition* **6:** 873-878.

Vandermeer J, Smith G, Perfecto I, Quintero E, Bezner-Kerr R, Griffith D, McGuire K. 2009. Effects of industrial agriculture on global warming and the potential of small-scale agroecological techniques to reverse those effects. *CAB Reviews: Perspectives in Agriculture, Veterinary Science, Nutrition and Natural Resources* **6:** 1-18

VIB. 2016. From plant to crop: The past, present and future of plant breeding. [En línea] http://www.vib.be/en/about-vib/Documents/vib_facts_series_fromplanttocrop_ENG.pdf [Consultado 10 mayo 2019].

Wezel A, Bellon S, Doré T, Francis C, Vallod D, David C. 2009. Review article Agroecology as a science, a movement and a practice. A review. *Agronomy for Sustainable Development* **29:** 503-515.

Wrangham R, Conklin-Brittain N. 2003. Cooking as a biological trait. *Comparative Biochemistry and Physiology Part A: Molecular & Integrative Physiology* **136:** 35-46.

Wrangham RW, Jones JH, Laden G, Pilbeam D, Conklin-Brittain N. 1999. The Raw and the Stolen. *Current Anthropology* **40:** 567-594.

10. Popotocas al gasparito

Acuña AM, Caso L, Alipaht MM, Vergara CH. 2011. Edible insects as part of the traditional food system of the Popoloca town of los Reyes Metzontla, Mexico. *Journal of Ethnobiology* **31:** 150–169

Collavo A, Glew RH, Huang YS, Chuang LT, Bosse R, Paoletti MG. 2005. House cricket small-scale farming. En: Paoletti MG, ed. *Ecological implications of mini livestock: Potential of insects, rodents, frogs and snails.* Enfield, Science Publishers, 519-544.

CONABIO 2019. Colorín, Patol, Zompantle. *Erythrina america.* [En Línea] URL https://www.biodiversidad.gob.mx/Difusion/cienciaCiudadana/aurbanos/ficha.php?item=Erythrina%20americana [Consultado 25 marzo 2019].

DeFoliart GR. 1999. Insects as Food: Why the Western Attitude is Important. *Annual Review of Entomology* **44:** 21-50.

Durst PB, Johnson DV, Leslie RN, Shono K. 2010. Forest insects as food: humans bite back, Proceedings of a workshop on Asia-Pacific resources and their potential for development. FAO Regional Office for Asia and the Pacific. Bangkok.

Ghaly AE. 2009. The use of insects as human food in Zambia. *Journal of Biological Sciences* 9: 93–104.

Makkar HPS, Tran G, Heuze V, Ankers P. 2014. State-of-the-art on use of insects as animal feed. *Animal Feed Science and Technology* 197: 1–33.

Ordóñez D, Tejada EP. 1982. Estudio etnobotanico de tres especies de flores comestibles en la ciudad de xalapa, veracruz. *Biotica* 7: 305–321.

Porter J, Costanza R, Sandhu H, Sigsgaard L, Wratten S. 2009. The Value of Producing Food, Energy, and Ecosystem Services within an Agro-Ecosystem. *AMBIO* 38: 186–193

Ramos-Elorduy J, Moreno JMP, Prado EE, Perez MA, Otero JL, de Guevara OL. 1997. Nutritional Value of Edible Insects from the State of Oaxaca, Mexico. *Journal of Food Composition and Analysis* 10: 142–157.

Rzedowski GC de, Rzedowski J. 2005. Flora fanerogámica del Valle de México. 2a. ed., 1a reimp., Instituto de Ecología, A.C. y Comisión Nacional para el Conocimiento y Uso de la Biodiversidad, Pátzcuaro (Michoacán).

Sandifer PA, Sutton-Grierb AE, Ward BP. 2015. Exploring connections among nature, biodiversity, ecosystem services, and human health and well-being: Opportunities to enhance health and biodiversity conservation. *Ecosystem Services* 12: 1–15.

Taylor R. 1975. Butterflies in My Stomach: Insects in Human Nutrition. Londres, Reino Unido: Woodbridge Press Publishing Company.

van Huis A, van Itterbeeck J, Klunder H, Mertens E, Halloran A, Muir G, Vantomme P. 2013. Edible Insects – Future Prospects for Food and Feed Security. FAO Forestry Paper 171.

11. Tostadas trifásicas

Agencia de Servicios a la Comercialización y Desarrollo de Mercados Agropecuarios [ASERCA]. 2018. Maíz grano cultivo representativo de México.(Alimento, forraje y materia prima para la industria). [En Línea] https://www.gob.mx/aserca/es/articulos/maiz-grano-cultivo-representativo-de-mexico?idiom=es [Consultado 18 marzo 2018] .

Albores B, Álvarez P. 2015. Análisis de la cadena de valor de producción de setas (*Pleurotus spp*) en cuatro municipios de Chiapas. *Acta universitaria* **25**: 51–58

Beer J, Harvey C, Ibrahim M, Harmand, JM, Somarriba E, Jiménez F. 2003. Servicios ambientales de los sistemas agroforestales. *Agroforestería en las Américas* **10**: 80–87.

Cahuich-Campos D. 2012. El huerto maya y la alimentación cotidiana de las familias campesinas de X-Mejía, Hopelchén, Campeche. En: Méndez MR (ed). *El Huerto Familiar del sureste de México.* Tabasco, México: El Colegio de la Frontera Sur.

FIRA 2016. Panorama Agroalimentario: Tomate rojo. [En Línea] https://www.gob.mx/cms/uploads/attachment/file/200635/Panorama_A groalimentario_Tomate_Rojo_2016.pdf [Consultado 20 abril 2019].

González AD, Carlsson-Kanyama A. 2008. Gases de efecto invernadero en la producción y consumo de alimentos de uso corriente. *Avances en Energías Renovables y Medio Ambiente* **12**: 1–7.

Instituto de Investigación y Capacitación Agropecuaria, Acuícola y Forestal. 2019. Cultivo de zanahoria. [En Línea] http://icamex.edomex.gob.mx/ zanahoria [Consultado 20 abril 2019].

Instituto Latinoamericano del Pollo. 2018. Perspectiva Mundial: La Carne de Pollo. [En Línea] https://ilp-ala.org/perspectiva-mundial-la-carne-de-pollo/ [Consultado 27 marzo 2019].

Iruegas L. 2011. *El Pollo en México.* El Economista. [En Línea] https://www.eleconomista.com.mx/opinion/El-pollo-en-Mexico-20110411- 0006.html [Consultado 27 marzo 2018].

Kantún-Balam J, Flores JS, Tun-Garrido J, Navarro-Alberto J, Arias-Reyes L, Martínez-Castillo J. 2013. Diversidad y origen geográfico del recurso vegetal en los huertos familiares de Quintana Roo, México. *Polibotánica* **36**: 163– 196.

Llaven Y. 2012. México es el principal productor de hongos comestibles y medicinales en LA. [En Línea] https://www.lajornadadeoriente.com.mx/ noticia/puebla/mexico-es-el-principal-productor-de-hongos-comestibles-y- medicinales-en-la_id_16824.html [Consultado 20 abril 2019].

Larousse Cocina s.f. Tinga. [En Línea] https://laroussecocina.mx/palabra/ tinga/ [Consultado 29 marzo 2019].

Leon W. 2009. Evaluación ambiental de la producción del cultivo de tomate, mediante la utilización del Análisis de Ciclo de Vida. Tesís Doctoral. Universidad Autónoma de Barcelona. Barcelona. España.

Macías MA. 2009. *Mallas de valor global en la agricultura de hortalizas en México.* El caso de Sayula, Jalisco. *Región y sociedad* **21**: 113–144.

Mapes C. 2010. El amaranto. *Revista Ciencia* **66:** 8–15.

Marcos Solorio B, Martínez Campos ÁR, López Urquídez GA, López Orona CA, Arteaga Reyes TT. 2016. La biomasa de los sistemas productivos de maíz nativo (Zea mays) como alternativa a la captura de carbono. *Revista Internacional de Contaminación Ambiental* **32**: 361–367.

Martínez S. 2016. Seguridad alimentaria, autosuficiencia y disponibilidad del amaranto en México. *Revista problemas del Desarrollo* **47**: 107–132.

Martinez D, Morales P, Sobal M, Bonilla M, Martinez W. 2016. *Usos de la Biodiversidad y conservación. Tomo III.* ENBIOMEX. México. consultado en https://www.biodiversidad.gob.mx/region/EEB/pdf/EEB_EDOMEX_To moIII.pdf

Matos YR, Hernández AA, Pozo SO, González DNR, Rivera JRD. 2018. Comportamiento del carbono retenido en el arbolado urbano en el sur de la ciudad de Guantánamo. *Revista Cubana de Ciencias Forestales* **6**: 284–299.

Mora A. 2017. Las tostadas: desde su origen prehispánico hasta nuestros días. [En Línea]https://www.civico.com/mexico/noticias/historia-lugares-para-comer-tostadas-en-la-cdmx [Consultado 20 abril 2019].

Mora VM, Martínez-Carrera D. 2007. Investigaciones básicas, aplicadas y socioeconómicas sobre el cultivo de setas (Pleurotus) en México. En: Sánchez JE, Martínez-Carrera G, Mata G, Leal H (eds.). El *cultivo de setas Pleurotus spp. en México.* México: ECOSUR.

Montes de Oca C. 2018. Crece producción de ajo en Zacatecas. [En Línea] http://ntrzacatecas.com/2018/06/20/crece-produccion-de-ajo-en-zacatecas/ [Consultado 22 marzo 2019]

Muñoz C, Ávila S. 2005. Los efectos de un impuesto ambiental a los plaguicidas en México. *Gaceta Ecológica* **74**: 43–53.

Ordóñez JAB, Masera O. 2001. Captura de carbono ante el cambio climático. Madera y bosques *7*: 3–12.

Organización de las Naciones Unidas. 2019. Cambio Climático. [En Línea] https://www.un.org/es/sections/issues-depth/climate-change/index.html [Consultado 28 marzo 2019]

Organización de las Naciones Unidas para la Alimentación y la Agricultura. 2019. Modelo de Evaluación Ambiental de la Ganadería Mundial (GLEAM 2.0). Evaluación de las Emisiones de Gases de Efecto Invernadero y su Potencial de Mitigación). [En Línea] http://www.fao.org/gleam/results/es/ [Consultado 29 marzo 2019].

Pérez SM. 2014. Cambios en la biodiversidad de los huertos familiares en una comunidad del suroeste de Tlaxcala. *Sociedad y ambiente* **4:** 4–22.

Plan de Desarrollo de Mercado (PDM) México. s.f. Ajos frescos, perfiles de productos. [En Línea] https://www.mincetur.gob.pe/wp-content/uploads/documentos/comercio_exterior/plan_exportador/Penx_2025/PDM/mexi co/perfil_ajos.html#mercado12 [Consultado 22 marzo 2019].

SAGARPA. 2015. Márgenes de comercialización de la zanahoria. [En Línea] https://www.gob.mx/cms/uploads/attachment/file/71250/MargenesCom er_Zanahoria_Marzo2015.pdf [Consultado 22 marzo 2019].

SAGARPA. 2018. Planeación agricola nacional 2016-2030 (cítricos, naranja, limón y toronja méxicanos). [En Línea] https://www.gob.mx/cms/uploads/attachment/file/257073/Potencial-C_tricos-parte_uno.pdf [Consultado 11 marzo 2019].

Seclèn O. 2017. Impactos residuales avícolas en el ambiente. [En Línea] https://www.engormix.com/avicultura/articulos/impactos-residuales-avicolas-ambiente-t40936.htm [Consultado 28 marzo 2019].

Secretaría de Economía. 2009. Sistema de información Arancelaria. [En Línea] http://www.economia-snci.gob.mx:8080/siaviWeb/fraccionAction.do?tigie=07020099&paper=nu ll [Consultado 22 marzo 2019].

Servicio de Información Agroalimentaria y Pesquera. 2018. Márgenes de comercialización de frutas y hortalizas enero 2018 [En Línea] https://www.gob.mx/siap/es/documentos/margenes-de-comercializacion-de-frutas-y-hortalizas-enero-2018 [Consultado 11 marzo 2019]

SIAP. 2018. Cebolla. En: Atlas Agroalimentario 2012-2018. México: SIAP.

Universidad Nacional Autónoma de México-Dirección General de Comunicación Social. 2017. México: Séptimo Productor de Pollo de Engorda en el Mundo. [En Línea] https://www.dgcs.unam.mx/boletin/bdboletin/2017_461.html [Consultado 22 marzo 2019]

Valencia K, Zetina E. 2017. La cebolla mexicana: un análisis de competitividad en el mercado estadounidense, 2002-2013. *Región y Sociedad* **29:** 133–154.

Yoldi M. 2000. De nuestra cosecha. *Claridades Agropecuarias* **79:** 3–19.

Zamora E 2016. El cultivo del ajo. [En Línea]
http://www.dagus.uson.mx/Zamora/AJO-DAG-HORT-014.pdf
[Consultado 22 marzo 2019]

12. Tacos de camarón, el peor enemigo del cambio climático

Alongi DM. 2012. Carbon sequestration in mangrove forests. *Carbon management* 3: 313–322.

Balvanera P, Cotler H, Aburto O, Aguilar A, Aguilera M, Aluja M, Ávila P. 2009. Estado y tendencias de los servicios ecosistémicos. *Capital natural de México* 2:185–245.

Costanza R, Fisher B, Mulder K, Liu S, Christopher T. 2006. Biodiversity and ecosystem services: a multi-scale empirical study of the relationship between species richness and net primary production. *Ecological Economics* 61: 478–491.

Duarte CM, Middelburg JJ, Caraco N. 2004. Major role of marine vegetation on the oceanic carbon cycle. *Biogeosciences discussions* 1: 659–679.

Giesen W, Wulffraat S, Zieren M, Scholten L. 2007. Mangrove guidebook for Southeast Asia. Bangkok, Tailandia: FAO.

Ocampo JC. 2010. Manual básico "producción de hortalizas ". [En Línea] https://hortintl.cals.ncsu.edu/es/articles/manual-b-sico-producci-n-de-hortalizas [Consultado 20 abril 2019]

FAO. 2019 Principios y definiciones. [En Línea] http://www.fao.org/3/y5686e/y5686e04.htm#bm04 [Consultado 11 marzo 2019]

SEMARNAT. 2013. Programa de manejo Reserva de la Biosfera Marismas Nacionales, Nayarit.

Terrones CA. 2011. Análisis de la rentabilidad económica de la producción de jitomate bajo invernadero en Acaxochitlán, Hidalgo. *Revista Mexicana de Agronegocios* 29: 752–761

Wirsenius S, Azar C, Berndes G. 2010. How much land is needed for global food production under scenarios of dietary changes and livestock productivity increases in 2030?. *Agricultural systems* 103: 621–638.

13. Atole de bellota con carne seca de venado, acompañado de flor de monte y semilla de salvia

Anderson MK. 2005. *Tending the Wild. Native American Knowledge and the Management of California's Natural Resoures.* Universty of California press, Berkely.

Aschmann H. 1952. A primitive food preparation technique in Baja California. *Southwestern Journal of Anthropology* 8: 36–39.

de la Barrera E. 2016. COP-eration for global food security. *F1000 Research* 5: 2814.

García M, Bermúdez G. 2014. Alimentos sustentables a la carta, de la tierra a la mesa. *México: Conabio-Calmil.*

Gutiérrez C, Meraz L. 2016. *La cocina tradicional kumiai de ensenada, méxico: un análisis teórico sobre globalización y cultura alimentaria. Multidisciplina,* 23: 100–119.

Spence C. 2017. *Gastrophysics: The new science of eating:* Penguin UK.

Wilken MA. 2012. *An Ethnobotany of Baja California's Kumeyaay Indians.* Arts and Letters.

14. Asado

Alexander D, Ball MJ, Mann J. 1994. Nutrient intake and haematological status of vegetarians and age-sex matched omnivores. *European Journal of Clinical Nutrition* 48: 538–46.

Arrhenius S. 1896. XXXI. On the influence of carbonic acid in the air upon the temperature of the ground. *The London, Edinburgh, and Dublin Philosophical Magazine and Journal of Science* 41: 237–276.

Barnosky AD, Matzke N, Tomiya S, Wogan GOU, Swartz B, Quental TB, Marshall C, McGuire JL, Lindsey EL, Maguire KC, *et al.* 2011. Has the Earth's sixth mass extinction already arrived? *Nature* 471: 51–57.

Beasley DE, Koltz AM, Lambert JE, Fierer N, Dunn RR. 2015. The Evolution of Stomach Acidity and Its Relevance to the Human Microbiome. *PLOS ONE* 10: e0134116.

Bratman GN, Anderson CB, Berman MG, Cochran B, de Vries S, Flanders J, Folke C, Frumkin H, Gross JJ, Hartig T, *et al.* 2019. Nature and mental health: An ecosystem service perspective. *Science Advances* 5: eaax0903.

Ceballos G, Ehrlich PR, Barnosky AD, Garcia A, Pringle RM, Palmer TM. 2015. Accelerated modern human-induced species losses: Entering the sixth mass extinction. *Science Advances* 1: e1400253–e1400253.

Craig W, Mangels A, American Dietetic Association. 2009. Position of the American Dietetic Association: Vegetarian Diets. *Journal of the American Dietetic Association* 109: 1266–1282.

FAO. 2017. The state of food security and nutrition in the world: Building resilience for peace and food security. FAO, Roma. 132 pp.

Ferraro J V, Plummer TW, Pobiner BL, Oliver JS, Bishop LC, Braun DR, Ditchfield PW, Seaman III JW, Binetti KM, Seaman Jr JW, *et al.* 2013. Earliest Archaeological Evidence of Persistent Hominin Carnivory. *PLOS ONE* 8: e62174.

Gill M, Smith P, Wilkinson JM. 2010. Mitigating climate change: The role of domestic livestock. *Animal* 4: 323–333.

Haberl H, Erb K-H, Krausmann F. 2014. Human Appropriation of Net Primary Production: Patterns, Trends, and Planetary Boundaries. *Ssrn.*

Hauptli H, Katz D, Thomas BR, Goodman RM, others. 1990. Biotechnology and crop breeding for sustainable agriculture. *Sustainable Agricultural Systems:* 141–156.

Holt-Lunstad J, Smith TB. 2016. Loneliness and social isolation as risk factors for CVD: implications for evidence-based patient care and scientific inquiry. *Heart* 102: 987–989.

Hunt JR. 2003. Bioavailability of iron, zinc, and other trace minerals from vegetarian diets. *The American Journal of Clinical Nutrition* 78: 633S–639S.

IPCC. 2014. *Climate Change 2014: Synthesis Report. Contribution of Working Groups I, II and III to the Fifth Assessment Report of the Intergovernmental Panel on Climate Change* (Core Writing Team, RK Pachauri, y LA Meyer, Eds.). Geneva, Switzerland: IPCC.

Kaplan H, Hill K, Lancaster J, Hurtado AM. 2000. A theory of human life history evolution: Diet, intelligence, and longevity. *Evolutionary Anthropology: Issues, News, and Reviews* 9: 156–185.

Key TJ, Appleby PN, Rosell MS. 2006. Health effects of vegetarian and vegan diets. *Proceedings of the Nutrition Society* 65: 35–41.

Kwon AR, Yoon YS, Min KP, Lee YK, Jeon JH. 2018. Eating alone and metabolic syndrome: A population-based Korean National Health and Nutrition Examination Survey 2013-2014. *Obesity Research and Clinical Practice* 12: 146–157.

Lewis SL, Maslin MA. 2015. Defining the Anthropocene. *Nature* **519**: 171-180.

Livestock in Development. 1999. Livestock in poverty-focused development.

McPherron SP, Alemseged Z, Marean CW, Wynn JG, Reed D, Geraads D, Bobe R, Béarat HA. 2010. Evidence for stone-tool-assisted consumption of animal tissues before 3.39 million years ago at Dikika, Ethiopia. *Nature* **466**: 857.

Murphy SP, Allen LH. 2003. Nutritional Importance of Animal Source Foods. *The Journal of Nutrition* **133**: 3932S-3935S.

Neumann C, Harris DM, Rogers LM. 2002. Contribution of animal source foods in improving diet quality and function in children in the developing world. *Nutrition Research* **22**: 193-220.

Oltjen JW, Beckett JL. 2013. Role of ruminant livestock in sustainable agricultural systems . The online version of this article , along with updated information and services , is located on the World Wide Web at : Role of Ruminant Livestock in Sustainable Agricultural Systems 1 ABST. *Journal of Animal Science*: 1406-1409.

Peters CR, Vogel JC. 2005. Africa's wild C4 plant foods and possible early hominid diets. *Journal of Human Evolution* **48**: 219-236.

Randolph TF, Schelling E, Grace D, Nicholson CF, Leroy JL, Cole DC, Demment MW, Omore A, Zinsstag J, Ruel M. 2007. Invited Review: Role of livestock in human nutrition and health for poverty reduction in developing countries. *Journal of Animal Science* **85**: 2788-2800.

Rockström J, Steffen W, Noone K, Persson Å, Chapin FS, Lambin EF, Lenton TM, Scheffer M, Folke C, Schellnhuber HJ, *et al.* 2009. A safe operating space for humanity. *Nature* **461**: 472-475.

Schüpbach R, Wegmüller R, Berguerand C, Bui M, Herter-Aeberli I. 2017. Micronutrient status and intake in omnivores, vegetarians and vegans in Switzerland. *European Journal of Nutrition* **56**: 283-293.

Steinfeld H, Gerber P, Wassenaar T, Castel V, Rosales M, De Haan C. 2006. *Livestock's Long Shadow: environmental issues and options*. Rome, Italy: Food and Agriculture Organisation (FAO).

Vitousek PM, Aber JD, Howarth RW, Likens GE, Matson PA, Schindler DW, Schlesinger WH, Tilman DG. 1997. Human Alteration of the Global Nitrogen Cycle: Sources and Consequences. *Ecological Applications* **7**: 737-750.

Waldron A, Garrity D, Malhi Y, Girardin C, Miller DC, Seddon N. 2017. Agroforestry Can Enhance Food Security While Meeting Other Sustainable Development Goals. *Tropical Conservation Science* 10: 194008291772066.

Wilson MH, Lovell ST. 2016. Agroforestry—The next step in sustainable and resilient agriculture. *Sustainability (Switzerland)* 8: 1-15.

Yiengprugsawan V, Banwell C, Takeda W, Dixon J, Seubsman SA, Sleigh AC. 2015. Health, happiness and eating together: what can a large Thai cohort study tell us? *Global journal of health science* 7: 270-277.

Zelenski JM, Nisbet EK. 2014. Happiness and Feeling Connected: The Distinct Role of Nature Relatedness. *Environment and Behavior* 46: 3-23.

15. Queso de tuna

Casas A, Barbera G. 2002. Mesoamerican domestication and diffusion. En: Nobel PS (ed.) *Cacti: Biology and Uses*. University of California. Pp. 143-162.

de la Barrera E, Andrade JL. 2005. Challenges to plant megadiversity: how environmental physiology can help. *New Phytologist* 167: 5-8.

de la Barrera E, Nobel PS. 2004. Carbon and water relations for developing fruits of *Opuntia ficus-indica* (L.) Miller, including effects of drought and gibberellic acid. *Journal of Experimental Botany* 55: 719-729.

McDonald BL. 2010. *Food Security*. Polity. 205 pp.

Nobel PS. 1988. *Environmental Biology of Agaves and Cacti*. Cambridge. 270 pp.

Nobel PS. 2000. Crop ecosystem responses to climatic change: Crassulacean acid metabolism crops. En: Reddy KR, Hodges HF (eds.) *Climate Change and Global Crop Productivity*. CABI. Pp. 315-331.
Reyes-Agüero JA, Aguirre Rivera JR, Flores Flores JL. 2005. Variación morfológica de opuntia (cactácea) en relación con su domesticación en la altiplanicie meridional de México. *Interciencia* 30: 276-484.

Rivera Villanueva JA, Berumen Félix CS. 2011. Documentos de los tlaxcaltecas en la Nueva Galicia y Nueva Vizcaya, siglos XVI-XVIII. Gobierno del Estado de Tlaxcala. 419 p.

Sáenz-Hernández C, Corrales-García J, Aquino-Pérez G. 2002. Nopalitos, mucilage, fiber, and cochineal. En: Nobel PS (ed.) *Cacti: Biology and Uses*. University of California. 211-234 pp.

Valdés CM. 1995. *La gente del mezquite*. CIESAS-INI. 279 p.

Epílogo. Alipús: la última y nos vamos

Comisión Nacional del Agua. 2008. *Programa Nacional Hídrico 2007–2012.* Secretaría de Medio Ambiente y Recursos Naturales, Cd. de México. 163 pp.

Cruz Angón A, Ordorica Hermosillo A, Valero Padilla J, Melgarejo ED. 2017. *La biodiversidad en Jalisco: Estudio de Estado.* Vol. I. Comisión Nacional para el Conocimiento y Uso de la Biodiversidad. Ciudad de México. 396 pp.

Cuervo-Robayo A, Téllez-Valdés O, Gómez-Albores M, Venegas-Barrera C, Manjarrez J, Martínez-Meyer E. 2014. An update of high resolution monthly climate surfaces for Mexico. *International Journal of Climatology* **34:** 2427–2437.

FAO. 2017. *Save food for a better climate: converting the food loss and waste challenge into climate action.* FAO, Roma. 37pp.

López-Blanco J, Pérez-Damián JL, Conde-Álvarez AC, Gómez-Díaz JD, Monterroso-Rivas AI. 2018. Land suitability levels for rainfed maize under current conditions and climate change projections in Mexico. *Outlook on Agriculture* **47:** 181–191.

Halloran A, Vantomme P. 2013. *La contribución de los insectos a la seguridad alimentaria, los medios de vida y el medio ambiente.* FAO, Roma. 4pp.

McDonald BL. 2010. *Food Security.* Polity. 205 pp.

Ramos-Elorduy J, Viejo-Montesinos JL. 2007. Los insectos como alimento humano: breve ensayo sobre la entomofagia, con especial referencia a México. *Boletín de la Real Sociedad Española de Historia Natural Sección Biología* **102:** 61–84.

Sáenz-Romero C, Rehgeldt GE, Crookston NL, Duval P, St-Amant R, Beaulieu J, Richardson BA. 2010. Spine models of contemporary, 2030, 2060 and 2090 climates for Mexico and their use in understanding climate-change impacts on the vegetation. *Climatic Change* **102:** 595–623.

Skutch M, Borrego A, Moralez-Barquero L, Paneque-Gálvez J, Salinas-Melgoza M, Ramírez MI, Pérez-Salicrup D, Benet D, Monroy S, Gao Y. 2015. Opportunities, constraints and perceptions of rural communities regarding their potential to contribute to forest landscape transitions under REDD+. Case studies from Mexico. *International Forestry Review* **17:** 65–84.

Springmann M, Godfray HCJ, Rayner M, Scarborough P. 2016. Analysis and valuation of the health and climate change cobenefits of dietary change. *Proceedings of the National Academy of Sciences* **113:** 4146–4151.

Índice temático

www.ingramcontent.com/pod-product-compliance
Lightning Source LLC
Chambersburg PA
CBHW020913290526
45784CB00002BA/531